Verujem u Boga i u Srpstvo

Dučićev tekst objavljen je u originalu, bez ispravki, izmena i dopuna.

Za dizajn naslovne strane korištena je fotografija Fabrisa Vilarda (*https://unsplash.com/photos/Jrl_UQcZqOc*).

Verujem u Boga i u Srpstvo

Jovan Dučić

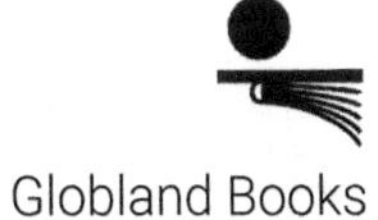

Globland Books

JUGOSLOVENSKA IDEOLOGIJA

ISTINA O „JUGOSLAVIZMU"

I

Hrvati nisu nikad marili za slavizam, niti bez nepoverenja govorili o jugoslavizmu. Oni su slavizam identifikovali sa ruskim pravoslavljem, a jugoslavizam sa balkanstvom. Zato su oboje smatrali nepodudarnim sa hrvatskom idejom o kulturi, jedinoj pravoj kulturi, zapadnjačkoj, znači većim delom katoličkoj. A tako isto nepodudarnim i sa iskrenom željom Hrvata da ostanu i dalje na jednom moralnom kontinentu koji je, pre svega, odeljen, kao širokim morem, od istočnjačke kulture vezane za istočnu Crkvu.

Jugoslavizam, kad se očisti od retoričkih elemenata, bio je za hrvatsku pamet samo jedan politički izraz, a ne i jedan nacionalni pojam. U ovom su se Hrvati bitno razlikovali od srpskog shvatanja jugoslavizma. Nikad Hrvati nisu zamišljali mogućnost da svoj hrvatski vidik zamrače jugoslovenskom maglovitošću, ni da razmene svoj stari hrvatski groš za kakvu neizvesnu jugoslovensku paru. Ja mislim da bi se moglo danas „na kraju balade", a što znači posle sveg proživljenog i okušanog, reći ovo: u hrvatskim očima niko nije bio dobar Jugosloven ako nije pre toga bio loš Hrvat.

Uostalom, slavizam je među katoličkim Slovenima bio uvek slabiji od njihovog katolicizma; a katolički su Sloveni i sami nagonski osećali da ta dva osećanja ne idu zajedno. Slovenstvo je po svojoj opštoj ideji o životu, o odnosu čoveka prema njegovom Bogu, potpuno jelinsko, što se vidi po njegovoj vedrini i čovekoljublju; a katolički Sloven predstavlja jednu deformaciju koja dolazi iz sukoba njegove mlade slovenske krvi, zdrave i optimistične, sa katoličkom mistikom, proizišlom iz drukče krvi i drukče ideje o životu. Slovenstvo i katolicizam su međusobno protivurečni. Fatalnost ovog slučaja ogleda se dovoljno u istorijama katoličkih slovenskih naroda.

Pravoslavni narodi su među sobom povezani dvostruko: rasom i verom. Ako su sa Grcima i Rumunima povezani samo verom, a ne i rasom, zato su s njima povezani zajedničkim istorijskim doživljajima. Naime, svi su oni podjednako robovali Mongolima ili Turcima. Ovo čini, dakle, da su s ovima takođe povezani dvostruko: verom i istorijom. Dodajmo ovde i da su oni svi zajedno nasledili blagodeti vizantijske kulture i umetnosti, koje su nekoliko vekova služile uzorom i Zapadu (ex Oriente lux). Ova velika duhovna porodica od Belog do Egejskog i Jadranskog mora, postaje time jedan veoma interesantan blok, u pogledu moralnom pre svega. Ovo osećanje srodnosti, išlo je ponekad i do porodičnog osećanja.

Hrvatstvo, naprotiv, odeljeno od tog slovenskog bloka Austrijom i Mađarskom, i potisnuto dobro na jugozapad, bilo je mnogo odvojeno od drugih i glavnijih katoličkih Slovena. Veze između Zagreba i Varšave bile su oduvek neznatne. Ali je Hrvatska u toliko prirodnije gravitirala prema grupama svoje vere, koje su bliže, ostavljajući po strani grupe svoje rase, koje su bile dalje, i daleko. Kad su se Hrvati borili s Rimom da dobiju slovensku službu u crkvi, to je značilo samo da katoličanstvo naprave još većma svojim narodnim ultimum refugium, u opasnosti od pravoslavlja, a zatim i od muslimanstva.

Za pravoslavne Slovene bi se moglo reći da ih vezuje pravoslavlje većma nego i krv slovenska. Ovo se videlo kako je Rusija pomagala srpski Ustanak protiv Turaka kad god nije sama bila u tom ometana od strane drugih, naročito Napoleona. Car Aleksandar I je tako pomagao naš prvi Ustanak, a Aleksandar II je oslobodio na Plevni pravoslavnu Bugarsku. Ruske su usluge tako isto pravoslavnoj Grčkoj bile velike. Ako je Rusija docnije na San-Stefanskom Kongresu prešla odveć na stranu svog deteta sa Plevne, to je bila jedna politika slovenske Rusije odista izvan njene tradicije.

Najzad, krajem XIX veka su postojala tri razna slavizma: „panslavizam", koji je bio stvarno panrusizam, imperijalistički i isključiv; zatim „neoslavizam" dr Kramarža, čiji je cilj bio okupiti sve Slovene u monarhiji oko Praga, sa tendencijom da se taj pokret proširi i među njihove sunarodnike oko monarhije; i najzad, „jugoslavizam", koji se smatrao pokretom iz Beograda, revolucionaran i nekompromisan, sa ciljem da okupi sve Južne Slovene u zajednicu moralnu, na bazi jezika, i zajednicu političku, u državu Jugoslaviju. — Sva tri ova slavizma su propala, svaki na svoj način. Verovatno da će u posleratnim prilikama bar jedno od ovih triju slavizama ponovo izbiti kao kakva ideologija neke od slovenskih grupa. Najmanje je verovatno da će oživeti jugoslavizam, koji je propao najžalosnije, i čim je bio stavljen na prvu probu. — Ovom članku je zadatak da dokaže da on i nije bio ponikao ni iz kakvih pozitivnih osnova, nego iz jednog apsolutnog nesporazuma; produkt jednog naročitog poremećaja svih zdravih načela za život; jedna romantika koja je istavljena nasuprot realne politike; i jedna fatamorgana koja je odvela u katastrofu državu Srbiju, jedino realno u tom nezdravom snu o nemogućem i neprirodnom.

Istina, ovaj današnji sveobimni rat je svojim neodoljivim potresom doneo i druga iznenađenja i razočarenja. I narodi koji su do juče verovali da su povezani raznim istorijskim ili rasnim vezama, kao jedno zdravo i konačno uobličeno društvo, pokazaše se ovim ratom, i nenadno, i naprotiv, kao međusobni protivnici, čak i zlotvori. Naročito su slovenski narodi dali od sebe žalosnu sliku u ovom pogledu. Poljaci su za nekoliko kvadratnih milja u Šleskoj otpočeli deobu Čehoslovačke, osuđene na propast. Ali su malo zatim i Rusi sa Hitlerom podelili tu istu Poljsku, i to na osnovu ratnih pobeda čisto nacističkih! I Slovaci su napustili Češku, za jednu „nezavisnu" državu koja će trajati od danas do sutra. Najzad je Hrvatska izdala Srbe predavši se neprijatelju na frontu već prvog dana, a zatim poklavši nejač svojih sugrađana Srba, na način kakav ne pamti evropska istorija od svog postojanja. A zar već Bugari nisu i prošlog rata pošli protiv Rusije sa Turcima, od kojih su ih ti isti Rusi oslobodili petovekovnog ropstva, pola stoleća ranije.

II

Bilo je, izvesno, vrlo pogrešno, i sasvim grešno, podmetati Hrvatima kako su oni tvorci jedne ideje o solidarnosti Južnih Slovena, koja se zove „jugoslavizam", i koju je trebalo smatrati dovoljnom kao osnovu i za stvaranje jedne zajedničke države tih Slovena. Ni sami Hrvati nisu ništa slično za sebe tvrdili. Čak su se najvatreniji patrioti hrvatski od takve ideje i otvoreno otresali. Ovo idemo i da dokažemo ovim našim napisom; i to razlozima, koje smatramo jedino razložnim.

Počnimo od naših država srednjeg veka. Da vidimo da li je među Južnim Slovenima bilo ikad ikakvog znaka osećanja rasne i plemenske solidarnosti, na način kako su to u naše doba hteli smatrati „jugoslavizam".

Nikakvog znaka u tim vremenima o kakvoj nacionalnoj ili rasnoj ideologiji, kao vezi među našim državnim jedinicama! Nije, uostalom, sličan fenomen postojao ni među državama drugih etničkih grupa u Evropi srednjeg veka. Nacionalizam je uopšte jedno osećanje skorašnjeg porekla; za njega se reklo da je rođen posle bitke na Valmi, za vreme francuske Revolucije, a zatim se nacionalizam definisao tek Napoleonovim ratovima. — Za Slovene se može reći da su, naprotiv, uvek ratovali međusobno, i kroz veliki broj vekova. Srbi, već osnivajući prvu svoju državu u Raškoj, okolo 825. ratovali su i pobedili Bugare, što su im i ovi vratili veoma brzo. Bugarski kralj Mihajlo Šišman je ratovao 1330. protiv Srbije, kad su uzalud Srbi opominjali ovog hrišćanskog vladaoca kako su „Agarjani" u pripremi da navale iz Azije, i da će trebati zajedno braniti ugroženo hrišćanstvo. Poginuvši u ovom porazu, Mihajlo Šišman je ostavio za naslednika kralja koji je bio vazal Dušanov: a time je hegemonija srednjeg veka konačno prešla u srpske ruke! Takvi su bili odnosi naše dve slovenske i susedne države srednjevekovne. — Ako je Car Dušan dolazio i do Klisa nad Splitom, i zamalo nije zaposeo sve zemlje na zapadu slovenskog Balkana, da ga druge prilike ne odvedoše na istok, možda bi neko ujedinjenje bilo još u ono doba i mogućnije nego ikad docnije. Drugi srpski kralj, Tvrtko, „kralj Srbljem, Bosni i Primorju" (Miklošić, Mon. Serbika, 187 i 438), izvršio je jedno kratko ujedinjenje, koje je zapravo bilo samo osvajanje.

Nikakvog ni spomena o savezima među našim jugoslovenskim državnim grupama. Ako se kaže da je na saboru hrvatskog kralja Tomislava bio i naš humski „velikoslavni" knez Miroslav, „sa srpskim velikašima", ništa nije naličilo na kakav savez, ili na put ujedinjavanju. Ako su i dva srpska vladara, knez Lazar i kralj Tvrtko, jednom docnije pomagali hrvatske pobunjenike protiv Mađarske, to je možda više da oslabe kralja Žigmunda, nego da odista spasavaju Hrvate, i onako osuđene da budu pobeđeni. Prema tome, nema znaka o ma kakvom rasnom i jugoslovenskom afinitetu između Srba i Bugara i Hrvata kroz ceo srednji vek, sve do osvita XIX veka. A vidićemo koliko ga je istinski bilo i u tom stoleću.

Svakako treba unapred imati na umu da je ovo XIX stoleće dolazilo posle krvavih progona Srba u Hrvatskoj i Slavoniji, za vreme Marije Terezije naročito. Ovi progoni su bili slični onim koji su za vreme Svetog Dominika vršeni u Pirinejima. Svi Srbi koji nisu hteli prelaziti u katoličanstvo, ili unijatstvo, skapavali su po tamnicama, na torturama, ili naterivani na iseljavanje u Ugarsku, Italiju, Vlašku, i čak u Rusiju. Ovi progoni su, uostalom bili vršeni prema obrascu jednog starog datuma. Već je Sikst II naredio bio mađarskom kralju uništenje šizmatika u Bosni, znači bogumila; ali i pravoslavnih, koji su uvek sačinjavali glavno bosansko stanovništvo. Ovaj krstaški rat je trajao šest punih godina! A kako je vojska mađarska već od Kolomana bila mešovita (mađarsko-hrvatska), znači da su na Vrbasu i na Bosni klali preci današnjih ustaša onako kako to i ovi čine danas.

Ovakve su uspomene postojale među Srbima i Hrvatima sve do pred osvit XIX veka. Nikakve plemenske solidarnosti, i nikakvog „jugoslavizma" kroz ceo srednji vek.

III

Naročito su u Srbiji naši širi krugovi bili dugo zavaravani rečima, za njih sibilski nerazgovetnim, kao što je Ilirstvo i Jugoslavizam, a zatim imenima Štrosmajera i Račkog, koja su najzad bila postala simbolična i legendama, skoro svetačkim i proročkim. Za slovensku psihu srpskog čoveka izgledalo je na taj način da je ono što je mutno, bilo i duboko. Vaspitan u kultu heroja iz svog carstvujušćeg srednjeg veka, za njega su ova dva katolička sveštenika bili sve zanimljiviji, što su bili više neshvatljivi. Obojica malo što nisu iz jedne sumnjive istorije i šarene literature, prolazeći kroz režimski aparat naših dugogodišnjih diktatura, znači kroz jedan zvanični patriotizam, prodrli i među imena našeg najvećeg dohvata i ostvarenja.

Šta je to zapravo ILIRSTVO? I kakve veze ima ono sa našom narodnom sudbinom srpskom? Je li to jedna ideologija u smislu nacionalne solidarnosti Južnih Slovena? Književni pokret? Ili politički? Ili oboje?

Ilirizam se zove drugim rečima i Hrvatski Preporod; i sasvim tačno. Ali na tome izrazu treba i ostati. Ilirski pokret je čisto hrvatska stvar unutrašnja i lokalna, prosvetna i moralna, a politički važna samo u toliko što je ona postala zatim i žarištem za sve druge nacionalne ambicije Hrvata, u jednom za njih odista važnom, a možda i velikom stoleću. Ilirizam je preteča Štrosmajerovog pokreta, nazvanog pogrešno „jugoslavizmom". Pogrešno, bar po srpskoj definiciji ove reči. Sa tim Štrosmajerovim pokretom, hrvatski narod, vrlo ubog i skučen i neznatan u veku pre ovog, postaje zatim izvesnom afirmacijom, koja je prevazilazila i njegov pravi značaj. Ali imala je ipak i svoj izražaj, ne bez interesa, za svakog istoričara ideja onog doba.

Da kažemo najpre nešto o Ilirizmu, koji mnogi brkaju sa hrvatskim „jugoslavizmom".

Šta je to bio Ilirizam?

Poznato je da ovo ime dolazi od Ilirije, države koju je Napoleon u svojoj maniji da pravi nove kraljevine, nameravao da stvori na tlu stare Teutine zemlje Ilirije; novu državu i novi narod, na osnovi izvesnih njegovih sličnih osobina. Država stvorena od Slovenačke, Hrvatske i jednog dela Dalmacije. — Ovo je bilo posle njegove pobede na Vagramu. Ali je ova Napoleonova ideja propala na prvoj konferenciji za mir. Ostalo je od toga samo toliko, što su se Francuzi puno zainteresovali srpskim narodnim pesmama, od kojih je ondašnji romantični pregled „Le Globe", pravio vrlo veliko pitanje, i Prosper Merime pevao srpske rapsodije potpuno u duhu naših ciklusa. Tako, da je jedna njegova zbirka „Le Guzle" izazvala verovanje kako su to odista originalne tvorevine jednog darovitog epskog naroda, a ne jednog darovitog francuskog pesnika mistifikatora.

Ali u Slovenačkoj, a naročito u Hrvatskoj, Ilirija je ostala u velikoj uspomeni. Treba znati tadašnju bedu onamošnjeg naroda. Prva četvrt XIX stoleća bila je izuzetno teška u nesrećnoj Hrvatskoj. U Dalmaciji je narod hrvatske narodnosti bio potpuno zanemaren, zapušten. Za celo vreme Mletačke vlasti — a to je od 1420. do 1797. — nije bilo onamo ni jedne jedine škole na narodnom jeziku. „Si volete Dalmati fedeli, tenete li ignoranti", govorili su hrvatski današnji spasitelji. Međutim, za vreme Napoleonove vlade, za svega 8 godina, Dalmacija je odozgo do dole, bila zasuta gimnazijama (7), i devojačkim školama (14), i zanatskim (8), i dečjim (19), i sjemeništima

(4) itd. Ali će ovaj napredak Austrija, dolazeći u Dalmaciju, svirepo uništiti. Jedan onamošnji narodnjak piše da je još 1870, Dalmacija imala 80% analfabeta... (Frano Ivanišević: Narodni Preporod u Dalmaciji, Split, 1932). Mi vidimo da u godini 1825, Mađari nameću Hrvatima kao administrativni jezik mađarski a oni se bore da im ostave latinski, ni ne misleći na svoj narodni! Ali 1835. dolaze Mađari i da im nature mađarski jezik kao školski i obavezni. Namera je Mađarske bila ovaj put da Hrvatsku prosto napravi mađarskom provincijom. — Pred opasnošću da sasvim ne utonu, Hrvati, u jednom Napoleonskom vremenu nacionalizma, počnu odista da se i sami bude.

Ali što je Hrvate naročito prenulo, to su ustanci Karađorđa i Miloša, koji su i po drugim slovenskim zemljama izazivali divljenje. U Hrvatskoj su bile tog vremena na vidiku, sve do početka XIX veka, samo dve klase: sveštenici romanizirani, i plemstvo mađarizirano. U borbi za jezik, idući za sveštenicima, tražili su latinski; ali pod većom vlašću plemstva, pomognutog iz Budima, morali su primiti, kao obavezan školski jezik, mađarski.

U to vreme, jedan mlad student, poreklom Nemac iz Krapine, kako je iznašao Ferdo Šišić, Ljudevit Gaj, bavio se mnogo u Gracu i Pešti u društvu srpskih omladinaca, zanešenih ustancima, a tako isto Srpskim Narodnim Pesmama, koje je Vuk Karadžić bio objavio u to vreme. Srpski jezik kojim su srpski studenti govorili, i kojim je Vuk pisao, zaneo je Ljudevita Gaja, da je on pomišljao na žalosno stanje narodnog govora po hrvatskim krajevima. U njemu se zato rodi ideja da bi trebalo da Hrvati uzmu srpski književni govor za svoj književni jezik, znači po obrascu Vukovih narodnih pesama. Hrvatski govor je bio u Zagorju kajkavski, a po ostrvima čakavski. Gaj smisli stoga da Hrvati prihvate srpsku štokavštinu. Tim govorom su se već služile i Dalmacija i Slavonija, zato što su ih Srbi naseljavali kroz nekoliko poslednjih stoleća. Ovo prihvatanje srpske štokavštine, mislio je Gaj, ujedinilo bi hrvatske krajeve. A kako je i cela Dubrovačka književnost pisana na srpskoj štokavštini, isto onakvoj na kakvoj su pisane i Vukove srpske pesme, usvajanje srpskog književnog jezika, značilo bi i anektirati Dubrovnik za Hrvatsku, a ne ostaviti ga Srbima. Tad je pokrenut „Hrvatski List" sa književnim dodatkom.

Ovo je glavno delo Ilirizma.

Da ne bude nikakve zabune, potrebno je reći da Hrvati nisu bez velikih duhovnih razloga izvršili ovaj moralni preobražaj, uzimajući tuđi književni jezik za svoj sopstveni (što je nesumnjivo bezprimeran slučaj među narodima). Na kajkavskom govoru (kojeg opet Slovenci smatraju svojim narodnim jezikom), nisu Hrvati bili ništa važno napisali. Na čakavskom govoru, koji se jedini u filologiji smatra neosporno i isključivo hrvatskim, nisu mogli otići daleko, jer on nije pokazivao mogućnost da se dalje razvija. Dokaz, što stari hrvatski rukopis Vinodolski zakon, predstavlja ravno jezik kojim i danas govore Vindolci. — Docnije će Rački imati nameru da štampa za svoj narod „čitanku", u kojoj bi bili srednjevekovni srpski književni spomenici, Žitija, da u nedostatku svojih sopstvenih takvih izvora, hrvatski jezik dobije izvesne klasične obrazce.

Ali nisu Hrvati primili štokavštinu srpsku ni bez izvesnog otpora. „Hrvati uvedoše i sami jezik štokavski, akoprem ih je to stalo i stoji neizmjerno truda jer i od svagdašnjeg domaćeg govora daleko im je dosti" (Vežić, Neven, 1855; Milosavljević, II, 28). Čak nisu oni primili jezik srpskih narodnih pesama bez protesta. Miškatović piše Jagiću: „Oni se nadaju odoljeti ako pravopis i gramatiku budemo imali odijeljenu od srbske..." (Jagić, Spomeni mojega života, 62). Do ovog doba, kako kaže jedan pisac, jezična linija, a to znači hrvatski moralni kontinent, išao je kao granica štokavštine prema severozapadu, Kupom, i savijala na reku Čazmu ka Dravi! Još u „Danici" 1847, hrvatski pisac A. Tkalčević kaže da „pravi Hrvati preko Kupe stanuju". — I sam I. Kukuljević piše da „hrvaština stupiv preko

Save, a poglavito preko Kupe počima..." (Arhiv, IX, 318; Đerić 158). — Da Hrvati nisu uzeli srpsku štokavštinu, nego ostali na kajkavštini, menjali bi zatim sve one pogrde sa zapadnim susedima na zajedničkom jeziku kajkavskom, mesto što, na nesreću našu, menjaju danas s nama te svoje pogrde na štokavštini...

Ni Srbi nisu baš olako propuštali da ovo akaparisanje njihovog književnog jezika, jezika iz narodnih eposa, Hrvati izvrše, a da to oni ne objave kao nedozvoljeni plagijat. Jagić, najveći hrvatski filolog, piše: „Samo se po sebi razume, da mi je bilo smešno kad se sa srpske strane prigovaralo Hrvatima (upravo Ilircima među 1834. i 1848), da su nepravedno sebi prisvojili srpski jezik kao književni — mesto da se vesele toj koncentraciji, koju je inače kod Iliraca pobudila i podupirala dubrovačka literatura" (Jagić, Spomeni, II, 247). A što se tiče ove napomene za Dubrovačku književnost, navešćemo jedan podatak da se vidi kako Hrvati ni sami nisu smatrali dubrovačku književnost svojom svojinom. Njihov profesor opšte istorije na zagrebačkom universitetu, učeni Natko Nodilo, pisao je: „U Dubrovniku, ako ne od početka a ono od pamtivjeka, govorilo se srpski, govorilo kako od pučana tako do vlastele; kako kod kuće tako u javnom životu. Jeste istina da su zapisnici raznih vijeća vodili latinski, a prilika je takođe da pod knezovima mletačkim, njih radi, na vijećima se ponešto raspravljalo i mletačkim i kojekakvim govorom. Nego u općini od mletaka oslobođenoj, srpski je raspravni jezik" (Rad, 65, 117). — Onako uzeti srpsku štokavštinu, kako su uradili Ilirci, bilo je dakle anektirati i Dubrovnik (kao što će to konačno i politički uraditi, čak sporazumno sa Srpskom Opozicijom, 1939. godine).

Nikad se Hrvati nisu mogli da naviknu na ideju da su oni u Evropi jedan mali narodić, jedva istorijski. Oni prikrivaju i izobličuju i ono što o tom zna ceo drugi svet. Dubrovački znameniti istoričar Mavro Orbini, XVI veka, sveštenik toga grada, u svojoj čuvenoj Istoriji predstavlja, kao jedinu poznatu naučno narodnu istoriju, povest Nemanjića, i ostalih srpskih srednjevekovnih dinastija (Hrebeljanovića, Mrnjavčevića, Vojnovića — Altomanovića, Kosače i Balšića), stavljajući čak u grb Nemanje sve grbove ostalih jedinica jugoslovenskih, a među njima i grb hrvatski... Opisujući na dugo i široko povest Srba, sa podacima koji ni danas nisu porečeni, Orbini, pod imenom Povest Hrvata, ima u svojoj knjizi svega tri maglovite stranice! A govoreći kako su nekad Hrvati nudili pomoć Dubrovniku protiv kneževa hercegovačkih Vojnovića, Orbini piše da su Dubrovčani odgovorili na ovo: „Ali vi ste iz zemlje veoma daleke...” „Voi siete dal paese molto lontani...” (Orbini, Il Regno de gli Slavi, Pesaro 1601, 395). Eto šta su Gundulić i njegovi sugrađani znali o svojoj narodnoj istoriji, a šta o Hrvatima.

Hrvati nikad nisu imali svojih narodnih pesama. Srbi su narod guslarski, a Hrvati narod tamburaški; i dok su Srbi izgrađivali svoje slavne epose, Hrvati su izgrađivali poskočice. I sama rimska crkva zabranjivala je Hrvatima narodne pesme. Ona nije ni ma gde drugde pomagala nacionalne pokrete; jer jedinstvo u njenim očima, bilo je mogućno samo kroz veru, a ne kroz državu. Već je veliki i učeni papa Inoćentije III na saboru u našoj Duklji izjavio godine 1199. da crkva i država ne idu zajedno. Zato su u Hrvatskoj Ćirilo i Metodije, posle njihove posvete u Rimu tek u naše doba, za Lava XIII, bili svetkovali kao svece, ali ih nisu primali kao učitelje slovenske, i pronalazače ćirilice! — Kukuljević piše da je zagrebački biskup Petrović zabranjivao narodne stihove. A Vjekoslav Jagić piše da je Crkva već u srednjem veku progonila pevanje narodnih pesama, ne samo zato što je mesto njih uvodila crkvene popevke, nego je izdala protiv njih i zabrane (Rad 1876, 37). Ovim se objašnjava što Hrvati nisu ni imali ljubavi za narodnu pesmu, niti je ikad stvarali.

Kakav naš Jugosloven režimski, ili koji drugi ignorant narodnih pitanja, rekao bi da je zajednički književni jezik, ovako „postignut” između Srba i Hrvata, ipak doneo u političkom smislu izvesnu solidarnost, približenje, osećanje zajedničkog. Ali taj Jugosloven ne bi rekao da se s njim samo solidarisao neko ko mu je pridigao kaput ili tabakeru! — Nije ni samo to. Treba dobro znati da je štokavština srpska trebala da ubrzo zatim posluži Hrvatima, ne samo da imadnu jedan lep i logičan jezik, nego i da se postepeno pomoću njega okupe i svi drugi Štokavci, znači Srbi, oko Zagreba, kao glavnog štokavskog kulturnog centra... Dokaz, što je već jedan poznati Ilirac, Ivan Derkos, tražio otvoreno takvo grupisanje sviju štokavaca oko svog kulturnog centra Zagreba. A stari grof Janko Drašković je u taj krug oko Zagreba, naročito pozivao Bosnu, ne pominjući međutim Srbiju, niti ijednu drugu štokavsku pravoslavnu zemlju. I kad se ban Jelačić instalirao za bana 1848, u prisustvu patrijarha srpskog Rajačića, a zatim svečano oba nošena na rukama oko slavoluka, stajalo je i to u vezi sa aspiracijama Hrvata da se i Vojvodini nametnu za centar, najpre nacionalni, a zatim i verski (unijatski).

Ovo je drugo lice Ilirstva.

Ovo je to Ilirstvo, za koje su tolike naše nebrojene neznalice sa upornošću tvrdile srpskom narodu da je to bio pokret jugoslovenske solidarnosti, koji će nakon 1848. postati i „jugoslavizmom", tobožnjim pokretom bratstva, glasonošom političkog ujedinjenja Južnih Slovena, znači put u jednu državu, koja bi se, naravno, zvala Jugoslavija. Sasvim obratno. Videće se iz ovog što sleduje da je i Štrosmajerov „jugoslavizam" bio nešto sasvim drugo od svega toga kako se ono docnije predstavljalo. Srbi, po svojoj indolenciji da se udubljuju u tuđe stvari, i što sve političke ideje uvek posmatraju ili provincijalno, ili stranački, ili najzad režimski, nisu ni jednog momenta do danas dokazali da su ovaj pokret razumeli. A često ni hteli da dovoljno razumeju. Srbi iz Hrvatske, koji su dolazili kao političari u Beograd, nisu osećali koliko štete po obe strane, i za Srbe i za Hrvate, može doći baš od toga ako se jedna nacionalna ideologija izgradi na neistini, i takva postavi u temelje države samo kao iluzija, samo kao jedna naučna hipoteza. Treba biti istinski ubeđen, da sve nesreće, koje je za 23 godine njenog trajanja zabeležila Jugoslavija, ne bi ni ponikle da „jugoslavizam", stvar nerealna i izmišljena, nije postala ubrzo zvaničnim patriotizmom naših najgorih režima, jedna birokratizirana ideja, koju nije branila ni crkva, ni škola, nego policija i zakon o zaštiti države.

IV

Da pređemo na JUGOSLAVIZAM BISKUPA ŠTROSMA-JERA. Ilirizam je hteo da Hrvati, prisvajajući sebi za književni jezik onaj kojim su dotle pisali samo Srbi, dobiju ubrzo prohtev da tako pomoću zajednice jezične nametnu onim drugim svoj duh hrvatsko-katoličko-austrijski. Kajkavski govor kojim se govori oko Zagreba, i na kome se razvijala zagrebačka književnost sve do Ljudevnta Gaja, nije održavao dovoljnu vezu ni među samim Hrvatima, pošto su čakavske oblasti od Istre na Hrvatsko Primorje do Senja i do nekih ostrva, bile bliže Srbima nego Hrvatima. Jugoslavizam je zato u prvom momentu imao da se najpre brani od Srba u tim oblastima, a tek zatim da pređe u napad.

Kad se Štrosmajer javio na areni, još je odnos Srba i Hrvata bio bolji nego ikad ranije. Kao što su Mađari u polemici govorili za Hrvate da su ljudstvo drugog reda, tako su Hrvati u onoj zemlji držali oduvek Srbe građanima drugog reda; ali poznati austrijski apsolutizam 1849. dolazi da u Hrvatsku zavede sada mesto latinskog, ili dotadašnjeg mađarskog, kao zvanični jezik, nemački, zbog čega su Hrvati našli u Srbima tog doba dobre lokalne patriote. Njihova zajednička akcija prema Beču, biće naročito živa 1861. do 1867. Ovo je doba odista najviše ličilo na približenje između ta dva uvek zavađena naroda. — U Dalmaciji koja je u to vreme još imala minimalne veze sa Zagrebom, takođe ni jedan hrvatski uspeh nije mogao biti moguć bez pomoći onamošnjih Srba. Pa ipak, mi ćemo videti da i pored svega „jugoslavizma", kako se zvao ovaj novi zagrebački pokret Štrosmajerov, nije bio ni jedan znak da se položaj Srba u hrvatskim krajevima bitno menjao, makoliko Srbi pomagali Hrvate. Naši bi se ljudi začudili kad bismo im rekli da je zagrebački Sabor većao tek 1884. o „srpskom pitanju", što znači o pravima Srba, nešto nalik na ono što je u Americi bilo pitanje njihovih Crnaca.

Biskup Josip Juraj Štrosmajer je bio izuzetno interesantan političar.

Treba pre svega znati da je Štrosmajer ranije bio kapelan austrijskog Dvora u Beču, a zatim rektorom velike bogoslovije Augustinea, naročito drage habsburškoj kući, a već u 34-oj godini postao i biskupom u Đakovu, eparhiji koju je sam želeo. Bio je lično vezan za Cara, kao njegov čovek od osobitog poverenja.

Mi smo imali pred sobom, dakle, dve ličnosti Hrvatskog Preporoda, slučajno oba Nemca po krvi: Ljudevita Gaja i biskupa Štrosmajera. Ali i dva različna njihova pokreta: Ilirstvo, pokret uglavnom lokalni i unutrašnji, i „Jugoslavizam", pokret širi i ekspanzionistički, struju čisto hrvatsku i katoličku i austrijsku. — Bila je i velika lična razlika među dvojicom protagonista tih pokreta. Gaj je bio literat i romantik, a Štrosmajer je bio prvosveštenik svoje Crkve, propovednik njene nepomirljive dogme, misionar jedne „ecclesia militans", znači tipični čovek jednog apostolata. Ovakav apostolat uvek potiskuje i isključuje sve što ne stoji u službi njegovoj. Prenesen na nacionalno tlo, on i tu postaje mističan i isključiv. I zaista, posle izvesnog vremena, biskup Štrosmajer ni sam nije više razlikovao dokle ide sveštenik, a odakle počinje politički borac. Jedino zajedničko između šefa Ilirstva i šefa Jugoslavizma, bilo je to što su oba bili Nemci, po krvi i izdržljivosti; a kao poturice, bili i još fanatičniji za hrvatsku stvar.

Ali biskup Štrosmajer, celog života poznat kao lični prijatelj austrijskog Cara, a po krvi neprijatelj Slovena, koliko i pririđen hrvatskom tlu i sredini, zar je mogao, bar po ičijoj zdravoj pameti, počinjati u Hrvatskoj kakvu akciju u smislu jugoslovenske ideologije, kako se ona kod nas Srba jedino i predstavljala: znači, po definiciji, iredentistička i revolucionarna?... I zar je jedan Carev prijatelj mogao imati nameru da ikad od habsburške kuće i austrijske monarhije, najkatoličkije, i apostolske, i jerusalimske, kao što Habsburzi nose istorijsko ime u svojoj tituli, odvaja od nje Hrvatsku, najlojalniju provinciju i najpobožniju parohiju njezinu?... Da je odvoji od vladara koji je posle Pape glavni mač katoličanstva?...

Ako je Štrosmajer govorio o Jugoslovenstvu, to je stvar politike a ne osećanja, ideje a ne ideala, kombinacije a ne ideologije. Ako je i održavao odnose sa srpskim knezom Mihajlom, to nije izvesno bilo iza leđa austrijskog Dvora. Ako je i Jelačić pisao usrdna pisma velikom pesniku Njegošu, to nije stoga da s njim na ruševinama habsburške monarhije pravi neku novu državu za 3/4 pravoslavnu... Kao Štrosmajer, đakovački biskup, i Jelačić, austrijski general, bio je najpre sluga Dvora bečkog, pa tek onda ban hrvatski. Najpre veliki komandant austrijske vojske, pa tek onda guverner Dalmacije, jedne siromašne provincije, političar koji će dobiti i posle tih razgovora sa Njegošem, za glavnog šefa Careve vojske u celoj Ugarskoj. I to u jednom veoma važnom momentu. — Njegoš je svojim pismom od 29. decembra 1848. poručio banu Jelačiću da se proglasi (!) banom Trojedne Kraljevine ustankom Srba i Hrvata, i obećao mu svoju pomoć. Ovo je prenerazilo hrvatskog novog bana, koji je bio više Habsburgovac nego i Jelačićevac. Nasednuvši ovako, viteški vladar Crne Gore, piše grofu Medu Puciću na Đurđevdan 1849. svoje razočaranje: „Ja sam se u početku nešto nadao, a danas vidim da je zasad jugoslovenstvo idealna riječ koja samo praznijem glasom lijepo zveči...” (L. Tomanović, P. P. Njegoš kao vladalac, Cetinje, 1896).

Po svemu ovom vidite sa koliko se bezumlja i podvale govorilo sa izvesnih strana srpskom narodu da je zagrebački „jugoslavizam" onakav pokret kakav su Srbi uvek zamišljali pod takvim imenom: kao narodni, a to je „bratski", i „slovenski", i „revolucionarni", u smislu totalnog ujedinjenja političkog i državnog od Triglava do Crnoga Mora. Da, ujedinjenje je spremao i slavni biskup iz Đakova: ali ujedinjenje pod svetom lozom austrijskom, i izjednačenje u najsvetijoj Crkvi, katoličkoj.

To će se videti iz ovog što sledi.

Ni srpski državnici šezdesetih godina, na čelu sa mladim knezom Mihailom za njegove kratke vlade, nisu pravili u ovom pogledu pometnju, kao što je pravila naša generacija. Oni se nisu mogli varati u onom šta je zapravo značila akcija inače visoko cenjenog biskupa Štrosmajera. Ilija Garašanin, najveći državnik naše krvi, vodio je prepisku sa svima srpskim zemljama u cilju ujedinjenja Srpstva, a ne Jugoslovenstva. Nije radio na osnovi austrijskoj: da Balkan pripadne habsburškoj dinastiji; nego na osnovi Srbije: da Balkan pripadne balkanskim narodima, kao što je uostalom Garašanin ovo jasno ocrtao u tački 6 svog „Načertanija". Ko je, dakle, još onda u doba Garašanina ikad verovao da je štokavština postala tobož jača i od katolicizma između Srba i Hrvata...

Pa šta je onda zapravo bio taj Štrosmajerov „jugoslavizam" ako pre svega nije bio slovenski pokret u celoj svojoj suštini, pitaće nas danas kakav ožalošćeni Srbin, posle svih prevara koje su mu na osnovi tog „jugoslavizma" uradili naši politički ljudi, i novinarski najamnici raznih loših režima, i najzad, zavedeni dobronamerni idealisti. Šta je bila onda ta tobožnja Štrosmajerova doktrina, koja je stavljena u temelje nove države, i više nego ravnopravno sa državnom doktrinom nemanjićskom, koja je bila čista i jasna kao sunce: nacionalizacija svega onog što živi u državnoj zajednici, isključivanje svega što jedinstvu te zajednice stoji nasuprot! A Štrosmajerov „jugoslavizam" je bio u srži protivnost srbizmu, nemanjićskoj ideji o državi, balkanskom shvatanju o naciji, pravoslavnom shvatanju o dogmi.

V

Da vidimo taj Štrosmajerov jugoslavizam u celom obimu.

Štrosmajer je bio magnat Crkve, bogat sveštenik, sa ambicijama Mecene, gospodin „splendidan", sa puno nasleđenog instikta za vođstvo i zavojevanje. Kako onda u ubogoj Hrvatskoj nije postojalo ništa istorijsko ni kraljevsko iz srednjeg veka, on je znao da ni turista koji je artist, ni onaj koji je arheolog, ne može onamo naći nikakve zanimljivosti. Zato se rešio da od Zagreba napravi jednu malu Firencu, u kojoj bi on bio njezin Lorenco Mediči. Najpre je stoga napravio u Đakovu veliku katedralu, u koju je, kao Nemac, uneo više luksuza nego ukusa. Ali je bio prvi i da krene ideju da Zagreb treba već da ima svoj Universitet, i prvi dao 60.000 forinti kao prilog, što je onda bilo predstavljalo vrlo veliku sumu. Zatim je, sasvim sledstveno, podigao i Jugoslovensku Akademiju, Jugoslovensku Galeriju slika, za koju se govorilo da vredi 3.000.000 forinti, što je možda malo mnogo; i pomogao da se digne Narodna Biblioteka, i Muzej. Cilj ovih ustanova je bio dvostruk: da pomogne kulturni pokret, ali i da privuče sve okolne Slovene oko Zagreba kao svog najblistavijeg centra.

Ovo nije dalo naročite rezultate. Društvo Srpske Slovesnosti, sa nešto skromnijim imenom, dalo je ipak Zagrebu svog najvećeg filologa onog vremena, dr Đuru Daničića, da onamo krene izgrađivanje novog i najvećeg Rječnika našeg zajedničkog štokavskog jezika srpskih narodnih pesama, a koji je srpski filolog na tom delu i umro, ostavivši da Rječnik produži drugi Srbin, Dubrovčanin dr Pero Budmani, a najposle hrvatski filolog, dr Toma Maretić. Ovaj Rječnik Daničićev je glavno naučno delo koje je ikad Zagreb krenuo. Daničić je trebao da stvori onamo jezičnu osnovu za jezik hrvatske Akademije nauka. Bio je lepo primljen i kao prijatelj jedinstva, što je značilo širokogrudosti prema hrvatskom nacionalnom imperijalizmu, što će Daničić uvideti tek sedamdesetih godina. Došavši 1886, došao je u doba zajedničke borbe s Bečom, koja je i na njega dejstvovala. On je već 1850, s Vukom Karadžićem napisao na sastanku u Beču sa glavnim Ilirima „Pravila" za upotrebu srpskog književnog jezika u Hrvatskoj. Pisao je dotle i „Razliku srpskog i hrvatskog jezika" utvrdivši da je jezik hrvatski dijalekat čakavski, i kao Vuk, verovao da štokavski govore samo Srbi, ma na kojem mestu se nalazili. Već sedamdesetih godina, Daničić je dobro osetio hrvatski šovinizam. „Književnik" časopis, preteča „Rada", pisao je da se Srbi trebaju ubuduće nazivati Hrvati ili Srbi. Daničić je stoga u to vreme pisao Novakoviću iz Zagreba: „Ovde je smrt a tamo život..." (V. Vrhovac o Đ. Daničiću). Ali mu se nije napuštao Rječnik koji je već dostigao bio reč „čobo". Pisao je u Beograd da bi bilo šteta napustiti taj veliki naučni posao: „Bolje MI nego ONI..."

Šta je zapravo bila praktična politika biskupa Štrosmajera?

Jedan katolički pobožni propagator može samo u drugom redu biti i nacionalni borac; a jedan pohrvaćeni Nemac može tek sasvim sporedno biti i slovenski idealist. Ako iko drukče misli, taj ne poznaje ljudsku psihu. Zato je crveni konac koji je išao kroz delo biskupa Štrosmajera pokazivao je uvek isti pravac: pokatoličiti bosanske muslimane, a pounijatiti pravoslavne Srbe. Stoga je njegova glavna opsesija bila Bosna. To je bila fatamorgana nad biskupskim Dvorom u Đakovu. Kako se pored ovog prosvećenog i agilnog biskupa nalazio i dr Frano Rački, poznati istoričar, koji je pisao o Hrvatskom Državnom Pravu (Odlomci hr. drž. prava, Beč, 1861), nije čudo i da je prvi pisao da je Bosna „nekoć bila hrvatska". Đakovo, koje je odista nekad u XV veku bilo na čelu i bosanske hierarhije, moralo je sasvim prirodno na tim uspomenama praviti zatim i mnogo krupnije zaključke. Zato pored mladog Štrosmajera, od krvi zavojevačke, nije ni sam Rački tvrdio o hrvatstvu Bosne kao naučnik, nego kao političar.

Bosna je u jedno vreme Štrosmajerovo i Račkog bila odista kao kakva bogata mirazača, koja je očekivala dobru priliku. Posle Krimskog rata, Srbija, nešto slobodnija od pritiska i Austrije i Rusije, pokazivala je (naročito posle svojih ratova 1875-1878 sa Turskom), mogućnost da privuče k sebi sve južne Slovene pod turskom upravom. Mi znamo da je Bugarska u Bukureštu već ranije zaključivala sporazum sa Srbima da srpska vojska i njih oslobodi, a bili gotovi da zato prime i srpskog kneza za svog vladara, i srpsko ime za buduću zajedničku vojsku. Bosna je stoga bila u krupnom planu Štrosmajera i njegovog prijatelja Račkog.

Trebalo je dakle iz Đakova krenuti borbu za Bosnu kao hrvatsku zemlju!

Što je najviše smetalo, to je bio sam bosanski narod, čak i bosanski narod katoličke vere. Niko u Bosni nije puno znao o Hrvatima, ni njihovom kulturnom centru kao opštem ognjištu za sve južne Slovene. Bosanski franjevac, poznati pisac Ivan Jukić, pisao je već ranije: „U Bosanskoj Krajini od Hrvatah ne znaju ni imena...” („Hrvatsko Kolo”, 1847). Nešto docnije i istoričar Ivan Kukuljević (u svom „Putovanju po Bosni”, 1858, 36), piše: „Sada je već iščezlo ovde ime hrvatsko”. Najzad, tako će, puno posle toga, pisati i Antun Radić, brat budućeg šefa hrvatskog naroda, Stjepana Radića: „Na dosta mjesta dovoljno i nehotice sam se uvjerio da je hrvatsko ime u Bosni i Hercegovini seoskom svijetu posve nepoznato” (Zbornik za narodni život i običaje južnih Slovena, IV, 1899, str. 38; Đerić, 47). Uostalom, ovako se stanje produžavalo i za austrijske okupacije Bosne. Verovatno da bi produžavalo i do danas, da na vladama našim nisu za dugi niz godina bili ljudi koji za nacionalna pitanja nisu imali nikakvog interesa. Nije zato ni čudo što se 1939. iz Beograda ustupila Hrvatima kao njihova nacionalna svojina, velika prostorija te zemlje, za koju je Srpstvo jedino lilo svoju krv otkad postoji, i gde je, kako vidimo, hrvatsko ime naprotiv, uvek bilo tuđe.

VI

Hrvatsko ime bilo je oduvek u Bosni tuđe, koliko i portugalsko ili finsko. Bosna je svagda nazivana samo srpskom zemljom. Da to i dokažemo ovde ignorantima koji su kumovali bestidnom sporazumu Cvetković-Maček.

Na početku istorijskog života Bosne, srpska dinastija pod zetskim knezom Vojislavom je zauzela sa Humom i sa Raškom još i Bosnu. U Bosni se nikad nisu ni vodile borbe između Srba i Hrvata, nego između Srba, Vizantijaca i Mađara. Bosna, koja se istorijski prvi put spominje posle Časlavove smrti 960, tek posle Bodinove smrti 1101. prestaje kao i Raška da bude u državi Srpskoj (Stanojević, 1926, 31.). Od tog doba je živela samostalno. Ali ona ničeg nije imala zajedničkog sa Hrvatskom (za dve trećine manjom od sebe)... Uvek su bile i srodničke veze između Bosne i Srbije, otkad je Kulinova sestra bila udata za Nemanjinog brata humskog kneza Miroslava, od kojeg nam je ostalo poznato pravoslavno evanđelje. Kad je Nemanja od Grka osvojio Kotor, osvojio je i Bosnu od Mađara, koji su je bili uzeli nešto ranije (1136), uzimajući i titulu bosanskih kraljeva. Bosna je i dalje priznavala Nemanjinu vlast. Dragutin je Bosnu dobio u miraz od Mađara. Dušan je imao zato u svojoj tituli i Bosnu.

Nakon kratke vlade Kulinovog naslednika Stevana, ban Ninoslav sve svoje državljane zove samo Srbima. Jedan Papa, potvrđujući neka prava Dubrovačkoj crkvi, u svom pismu zove Bosnu srpskom zemljom: „srpska država to jest Bosna". Regnum servilliae quod Bosna (Farlati-Colleti: Ecl. Rag. Historia; Smičiklas; Dipl. Zbornik, 195; Đerić, 37). A zna se da su bosanski kraljevi potpisivali u svojim titulama da su najpre kraljevi Srba, pa tek onda Bosanaca. Veliki Tvrtko je imao titulu: „Kralj Srbljem Bosni i Primorju" (Mon. Serb. 187). Tako i kralj Tomaš (ibid. 438). — Šta bi govorili Hrvati u ovakvom slučaju?

Za sve se ovo dobro znalo i u Đakovu, kad se pravio plan da se okrene propaganda na Bosnu, gde bi Rim i Beč mogli imati zajedničkih interesa da sa Zagrebom rade zajednički. Istina, Zagreb u prvo Štrosmajerovo doba, bio je tek jednospratna palanka. Jedan naš pisac navodi ove reči jednog hrvatskog književnika: „Za vreme kad je Hrvatska imala svoj najmanji opseg, broj dimnjaka iznosio je u svemu oko tri hiljade, a pre toga je sama križevačka županija imala dvanaest hiljada dimnjaka" (Predavec, Selo i seljaci, Zagreb 1934). Ovo prebrajanje po dimnjacima bilo je, doduše, ranije. Ali kad su još pri kraju XVIII veka, cela Hrvatska sa Slavonijom imale, kako piše istoričar dr Rudolf Horvat, budžet od svega 49.210 rajnskih forinti, jedan vek docnije, u doba Štrosmajerovo, uvek isto rodna i isto velika Hrvatska, nije odista mogla imati ni tada nesrazmerno veće bogatstvo.

Kad je Rački jednom bio u Beogradu, vratio se očaran, i govorio da ih je Beograd daleko za sobom ostavio u svakom pogledu; a Kukuljević se hvalio kako je od Srba naučio da bude patriot. Ali to nije smetalo da ipak srpska Bosna postane glavnim predmetom politike đakovačkog biskupa. Onda se počelo i prvi put pisati o Bosni. Iz tog kruga izišla je i famozna „Povjest Bosne" Vjekoslava Klajića, sva apokrifna, sva tendenciozna. Klajić je pisao o Bosni da onamo žive 95% Hrvata, a ono su drugo Cigani i Arbanasi. Docnije će doći Starčevićanstvo, krajnja levica Štrosmajerove stranke (kao što je do danas frankovština bila krajnja levica Mačekove stranke), da pod uticajem opet Nemca, Paula Ritera, pohrvaćenog Pavla Vitezovića, uopšte negira da Srbi postoje. Srbi, koji su u srednjem veku imali carevinu najjaču na Istoku, kad su Hrvati imali samo jednu gluhu katoličku parohiju; i Srbi koji su u XIX veku imali opet slobodnu kraljevinu, kad su i dalje Hrvati bili jedna mađarska provincija, kojoj su njeni gospodari i još 1835. nametnuli za školski jezik mađarski, a 1849-1859 Austrijanci nametnuli za školski jezik nemački...!

Vuk Karadžić je govorio da Hrvatima ništa ne fali nego narod. Stoga su u Đakovu mislili da taj narod treba odista napraviti, a da je za to ostala bila još samo Bosna. Ali prva teškoća, to su bili bosanski franjevci, do onog vremena nezavisni i slobodoumni. Oni nisu znali za Hrvate, niti imali ikakve veze sa njihovim klirom, a bili čak ponosni što je nekad njihova hijerarhija išla i preko Slavonije, sve do Budima. Posle zauzeća Dalmacije od strane Austrije, Beč je preko svojih onamošnjih konsula zaštićivao bosansko katoličanstvo, i školovalo onamošnje katoličke sveštenike. Ali najednom 1841, Austrija je prestala sa ovim školovanjem. Tad je nova situacija franjevaca bosanskih postala pogodnim za Hrvate, odnosno za Štrosmajera.

Bosanski franjevci su sami imali svog šefa hijerarhije, kojeg su oni birali, i koji je stanovao u kakvom bosanskom samostanu. Pisali su svi ćirilicom. Zvali su se „kršćanima" za razliku od pravoslavnih, koje su zvali „rišćanima". Možda je na ove ljude mislio Angelo Roka kad je pisao: „A Bosanci, između ostalih plemena koja govore SRPSKIM jezikom, obično upotrebljavaju i odabraniji način govora" (Bibl. Vaticana, 171, Đerić).

Tako su u Dalmaciji i Lici i Slavoniji katolički sveštenici uopšte i vrlo često srbovali, pisali srpske rodoljubive pesme, i služili se samo ćirilicom. Poznato je kako je Matija Reljković u svom „Satiru" pisao svojim Slavoncima da su njihovi stari „SRPSKI štili i SRPSKI pisali". A jedan od današnjih istoričara katoličkih, dr fra M. Gavranović, piše odnosno ovih Reljkovićevih stihova: „To srpsko pismo i knjiga, koje ovdje spominje Reljković, jeste bez sumnje religiozna literatura bosanskih franjevaca, pisana ćirilskim pismom, jer su se bosanske franjevačke nadležnosti do 1757. prostirale preko Slavonije čak do Budima (dr fra Gavranović: Uspostava red. kat. hijer.).

Zato se Štrosmajer nije ustezao da povede otvorenu borbu protiv bosanskih franjevaca. Kaže se da je ta njegova borba trajala punih četrdeset godina! Kako se rešio da dadne franjevcima drukče školovanje pod svojom rukom i po svom načinu, napravio je za njih naročito Sjemenište u Đakovu, piše fra Gavranović. A u Rimu je uspeo da Sveta Stolica sama postavlja franjevcima bosanskim njihovog starešinu, a ne, kao ranije, da to čine oni sami (kao da se katolička Crkva treba da pravi nacionalnom, kao Svetosavska). Uticaj Štrosmajera na Franjevce bosanske je vremenom postao odista osetan. Svako zna držanje pesnika fra Grge Martića za vreme okupacije Bosne.

Za vreme tursko-srpskog rata, 1875-1878, sve prilike su pokazivale da će srpske države, koje su ratovale za Bosnu i Hercegovinu, dobiti te zemlje kao pobedioci. Međutim i Beč i Vatikan su puno radili, naprotiv, da narod onih zemalja ne pristane na takvu okupaciju. U tom su im puno pomagali Hrvati, tražeći i od franjevaca da rade zajedno za Austriju i za katoličku crkvu. Fra Gavranović u svom delu navodi i kako postoje dokumenta, da su posle nevesinjske puške, iz Beča slate instrukcije njihovom ministru pri Vatikanu, grofu Paru, za dejstvovanje u tom pravcu. Ne treba ni pretpostaviti da u takvoj situaciji Štrosmajer nije sve činio što su hteli Papa i Car austrijski u pogledu Bosne. Čak treba biti siguran da je za austrijsku okupaciju onih dvaju srpskih zemalja bio u diplomatskoj akciji u Berlinu, jedan krupan faktor Štrosmajer, tvorac „jugoslavizma".

Poznato je kako je u XVI vijeku, jedan Štrosmajerov prethodnik, hrvatski kaluđer, učeni Križanić, išao u Rusiju sa idejom da celu slavensku Rusiju privede katoličkoj Crkvi. Imao je teoriju da, za uspeh u ruskom svetu, ne treba napadati Pravoslavlje, kao što se ranije radilo, nego, naprotiv, propovedati kako su obe hrišćanske vere jednake u osnovi, ali da su Grci prevarili Ruse. Školovan u jezuitskom manastiru grčke narodnosti u Rimu, da bi se naročito spremio za ovakav napad na grčku crkvu, on u Rusiji razvija dotle nepoznatu katoličku propagandu u najvišim krugovima. Pisao je u Rim da će, ako samo uspe da dobije mesto bibliotekara u carskom Dvoru, pokatoličiti Carevu porodicu, a zatim i ceo ruski narod! Križanić je bio proteran iz Rusije.

Ali treba verovati da je ovim putem išao i „jugoslavizam" đakovački. Navešćemo docnije samo jedan primer koliko je u vreme okupacije Bosne katolički klir bio zabrinut za svoju Crkvu i pastvu u Bosni, ako bi se situacija izmenila onamo na štetu Austrije. Način Križanića u Rusiji je, uostalom, vezan za sve dobre sluge Crkve, isto kao i za Štrosmajera, staratelja katoličkog klira u Bosni.

VII

Nemoguće je ikakvom zdravom mozgu pretpostaviti, da se za austrijsku okupaciju Bosne i Hercegovine borio i Papa rimski i Car iz Beča, a da je Štrosmajer, vrlo ugledni magnat svoje Crkve, ostao skrštenih ruku; i sanjajući o tom da pravoslavna Srbija zauzme one krajeve u kojoj živi i skoro četvrtina katoličkog naroda!... Verski rat u Hrvatskoj protiv Srba jedva je vek ranije vođen iz Beča po volji Marije Terezije, i za dugo godina. Jedan dokument ćemo navesti koji je dovoljan da se vidi šta je i ovog puta bilo iza kulisa. U već pomenutoj knjizi istoričara fra Gavranovića, piše: „neki Alojz Boroša, superior časnih sestara u Zagrebu, predlaže austrijskoj vladi da u Bosni pokatoliči sve muslimane, i da ih zatim pohrvati, kako bi na taj način suzbili političke aspiracije Srbije, pošto su se „ideal srbski" i „srbska vjera" duboko usadile u srce po Bosni, Hercegovini, Crnoj Gori, Dalmaciji, Sloveniji i Južnoj Macedoniji: i svaki austrijski patriot, bio on Nijemac, Hrvat ili Mađar, treba sa ovim da dobro računa". — Štrosmajer je imao u Bosni velikog prijatelja, a takođe velikog neprijatelja franjevaca, Štadlera, sarajevskog biskupa, koji je odista počeo katoličenje muslimana sa jednom muslimankom, ali je stvar otkrivena, i prešla u javni skandal, a zamalo što nije došlo i do krvoprolića.

Da pođemo dalje.

Kada je došlo da Austrija izvrši u Bosni okupaciju, Dalmacija, koja se nadala prva izvući otud korist, i duhovnu i ekonomsku, bila je razočarana vladom mađarskog ministra Kalaja, zatim Apela, zatim Virtemberga, zatim Hojoša. Dalmatinski prvak Mihovilo Pavlinović, napiše u to vreme knjigu i raspravu, u kojoj je dokazivao da Bosna istorijski pripada hrvatskom narodu i Dalmaciji. Ovaj pisac, kojeg je Štrosmajer nazivao svojim „milim pobratimom", stojeći u vezi sa Đakovom, išao je za jednim krupnim ciljem: ako se Bosna i Hercegovina odista vežu za Dalmaciju, a Dalmacija zatim bude zajednički povezana u Trojednoj Kraljevini sa Hrvatskom i Slavonijom, onda bi tako Bosna, par ricochet, bila uključena i u Hrvatsku, što je bio i inače ideal već od vremena Ilirstva.

Ne treba zaboraviti da je Štrosmajer radio na tom „hrvatskom okviru" kao jedan među prvima. Godine 1860, car Franja Josif je patentom od 5. marta, bio proširio svoje Državno Veće u Beču, i pozvao 38 većnika iz svih zemalja monarhije, kojom je prilikom Dalmaciju zastupao Franjo, knez Boreli iz Zadra, a Hrvatsku barun Vranicani iz Zagreba. U sednici 25. septembra te iste 1860. Vranicani je krenuo pitanje ujedinjenja Dalmacije sa Hrvatskom (pošto je Dalmacijom upravljala Austrija, a Hrvatskom je upravljala Mađarska). Odmah se javio za reč onda mladi biskup Štrosmajer da dokaže kako je posredi „istorijsko pravo majke Hrvatske", i jedna „hitna potreba", koja ne trpi odlaganja. I na konferenciji prvaka koji su se zatim, na poziv bana Šokčevića, bili skupili da ovo pitanje urede i među sobom, i prema monarhiji, Štrosmajer je opet vodio glavnu reč. Tražio je i Istru (Frano Ivanišević: Narodni preporod u Dalmaciji, 1932, 8).

Nikad nije Štrosmajer ni docnije propuštao da bude prvi u pitanju vezivanja hrvatskih zemalja u jedan državni i administrativni blok.

Na nesreću, Pavlinovićeva knjiga izazva razdor sa Srbima dalmatinskim, koji su do tog vremena olakšavali celu borbu Hrvata protiv Talijanaša za narodni jezik i škole u Dalmaciji. Najednom su sve veze kao mačem bile pokidane, nakon knjige Pavlinovićeve, kad se Srbima dalmatinskim počelo govoriti o lažnim pravima Hrvatske i Dalmacije na srpsku Bosnu. Oni ubrzo stvoriše onamo i zasebni Srpski Klub i svoj list „Srpski Glas", u Zadru, istaknuvši da Srpstvo jedino ima istorijska prava na Bosnu i Hercegovinu, i da se, dakle, na takav način ne daje dalje bratovati. Pošto su dotle Hrvati uspevali samo pomoću dalmatinskih Srba, ovi im, posle ovakve podvale, otkažu pomoć na prvim izborima, glasajući s autonomašima, čime Hrvati izgube većinu; čak i to da njihov vrlo ugledni prvak Miho Klajić ne uđe u Sabor. Hrvati su tad uzviknuli: Izdajnici! Tako će posle i u Hrvatskoj, nakon hrvatskih nasilja, Srbi i u 1906. iz taktičkih razloga politizirati sa Mađarima, našto će im Hrvati i ovaj put povikati: Izdajice! Mađaroni!

U Bosnu su bili sa austrijskom okupacijom došli mnogi agilni prijatelji đakovačkog biskupa Štrosmajera. Naročito Dlustuš za prosvetu, Treščec za upravu, Herman za propagandu. Međutim, pored sveg Ilirstva i docnijeg Jugoslavizma, pokret hrvatski je ostao u Bosni ograničen na čisto katoličke mase. — Ni u drugim srpskim zemljama, gde je bilo katolika, nije još hrvatsko ime bilo dovoljno razgovetno; čak ni za duže vremena. Jedan poznati naučnik iz Dubrovnika, dr Baldo Bogišić, pita u ovom pogledu svog prijatelja prof. Vjekoslava Jagića: „Jer ko su pravi Hrvati? Da li kajkavci zapadne tri županije, ili su Hrvati samo čakavci dalmatinskih otoka, kao što je Daničić mislio; ili su Hrvati one naseobine Ugarske (i u Burgenlandu) kojih je pjesme skupio Kurelac..." (muzičar). Ovaj dubrovački katolik pita ovako Jagića još 14. septembra 1894.

godine!... (Jagić, Spomeni, 356). Srpski veliki filolog Daničić je odista pisao da se Hrvati nalaze samo u tri županije, gde mesto „šta" govore „kaj"; i da ih zato zovu kajkavcima; dodajući: „Ali je jezik njihov prijelaz od novog slovenskog (tj. slovenačkog) na najbliži susjedni" (dr Daničić, Dioba slovenskih jezika, Beograd, 1874). Inače teza Daničićeva je bila da su Hrvati u osnovi samo čakavci, kao što se vidi u njegovoj studiji „Razlika između srpskog i hrvatskog jezika". Što se tiče Srba, svi štokavci su Srbi (kao što je utvrdio i Vuk Karadžić), pa ma gde oni prebivali, mislio je i Daničić.

Štrosmajerovi ljudi u Bosni ipak su uradili neverovatne stvari. Između ostalog, sabirali su onamo srpske narodne pesme i iste poslali Matici Hrvatskoj, koja ih je izdala u 12 knjiga, kao „Hrvatske Narodne Pjesme"! Ovo je bio nesumnjivo najveći i najružniji plagijat koji je ikad učinjen u evropskoj literaturi. Ovom prilikom su bili indignirani i sami hrvatski naučnici, koji su književnost stavljali izvan politike. Profesor bečkog univerziteta, Jagić, piše dr Franu Račkom, istoričaru: „Tako je Matica Hrvatska izazvala svojom odlukom da izda nekakve „Hrvatske narodne pjesme" čitavu buru od straha. DA ĆEMO I TO BLAGO OTETI SRBIMA. Ja zbilja i sam mislim da kod narodne epske poezije ne bi trebalo suviše isticati hrvatsko ime; jer što je nekoć bilo stari hrvatskih motiva, čini mi se da je PROPALO pod navalom novih sižeta, koji su dolazili s Turcima sa Istoka" (Jagić, Spomeni, II, 167). Kao što se vidi, Jagić obraća pažnju da su posle dolaska Turaka i stvaranja tom prilikom srpskih eposa o Kosovu i Marku, srpske narodne pesme neosporno samo srpska tvorevina, koju ne bi u Zagrebu trebali onako bezočno prisvajati.

Očevidno, Srpstvo u Bosni nije imalo opasnijeg neprijatelja nego što je bio šef hrvatskog „jugoslavizma", biskup Štrosmajer, kojeg su primili bez rezerve vrlo malo učeni srbijanski političari, najviše na reč naših Srba političara iz Hrvatske, još najzbrkanijih od svih naših javnih ljudi svoga doba. Malo je trebalo da nam proture Štrosmajera za drugog Svetog Savu! Makar i kao naročitog prijatelja Cara, i dinastije habsburške, i najboljeg austrofila, i najiskrenijeg propagatora katoličanstva in partibus infidelium.

VIII

Eto ovo je sve bio „jugoslavizam" biskupa Štrosmajera na delu.

Ali ima i nešto još drastičnije. To je bio njegov takozvani TRI-JALIZAM.

Šta je opet to? — zapitaće kakav naš političar, uvek daleko od naših i srpskih, i hrvatskih, i, najzad, međusobnih problema, o kojima on za skoro četvrt veka nije nikad hteo nešto pozitivno znati.

Trijalizam je bio u svom momentu hrvatska doktrina o ravnopravnosti Austrije i Mađarske i Hrvatske kao osnovnog principa habsburške monarhije!... To su, prema gledištu zagrebačkih političara, bila tri lista deteline, izrasle iz istog patriotizma i iste odanosti Kruni i katoličkoj dinastiji, simbol njene snage, afirmacija jedinstva. Ali već posle Nagodbe 1866. postajući dvojnom monarhijom, Austrija je došla sa Mađarima do pogodbe (podeljena je monarhija na dva dela, Mađarsku i Austriju), da u austrijskom delu dobiju prevlast Nemci, a u mađarskom, Mađari. Nagodbom je uništena „hrvatska državna samostalnost".

To je izazvalo težak osećaj i neraspoloženje Hrvata. Nezadovoljni slabim kompenzacijama, oni su pokazali to nezadovoljstvo na način koji je doveo do terora barona Rauha. Od donošenja zakona Nagodbe 1866, do njegove revizije 1873, vođena je jedna borba koja je i od Rauha odvela ka Kuenu Hedervariju! Od Hrvatskog Državnog Prava nije ostalo više ni pomena, a mađarizovanje Hrvatske zamalo što nije zabacilo i organizovanje Bosne za njeno ujedinjenje sa majkom Hrvatskom.

Sad dolazi ono što je za Štrosmajera najkarakterističnije, i što treba naročito imati na umu.

U doba posle Nagodbe 1866, došlo je do osnivanja dveju velikih hrvatskih stranaka: „unionističke stranke", čiji je šef bio Štrosmajer, i „stranke prava", čiji je šef bio dr Ante Starčević, poznati srbofob, koji je negirao da Srbi uopšte postoje kao narod, i koji je dao lozinke „Srbe o vrbe" i „Za Srbe sjekiru", devize koje i danas imaju svoje mesto u hrvatskom narodu.

Nemojte ni pomisliti da Štrosmajerova stranka išla za raspadom monarhije habsburške, makar što se zvala i nezavisnom! Nije išla ni za odvajanjem Hrvatske od te monarhije, makar što se zvala i narodnom! Naprotiv, program Štrosmajerove stranke bio je u ovom: „Svi Slaveni (južni) ujedinjeni pod Habsburzima i pod Papom"... A program pravaške Starčevićeve stranke (koja je posle njegove smrti postala strankom jevrejina Franka, i nazvana frankovačkom), bio je, kao što svako zna, ovaj: „Sve hrvatske zemlje ujedinjene pod Habsburzima"... I sam biskup Štrosmajer godine 1883, izjavio je da su Srbi glavni neprijatelji Hrvata, i time pokazao da se prvi odriče svog jugoslavizma. Ovi takozvani „Nekavci" ili negatori Austrije, neće drugo nego samo uniju Hrvatske sa Austrijom!

Šta kažu na ove reči Oblomovi iz naših partijskih klubova, koji su verovali slepački da je Štrosmajer revolucionar, koji želi Austriju u Jugoslaviji, a ne Jugoslaviju u Austriji... I koji je želio pad dinastije austrijske, za život i sreću dinastije srpske ili bugarske... I koji je sanjao o demokratiji pravoslavnog Balkana, i o Svetosavlju, mesto Crkve Svetog Petra, za koju je on i živeo... A postavljajući ovakav „jugoslavizam" i u temelje jedne nove i velike države Jugoslavije, nasuprot nemanjićskoj ideji koja je nekad držala na sebi najjače Carstvo na istoku, naši državotvorci, ne znajući ni slova istine o tom zagrebačkom jugoslavizmu, metnuli su tako u te temelje dinamit, koji će je jednog dana i razneti.

IX

Ne treba da niko za ovu pogrešku krivi Pašića. Ali ni neke njegove glavne članove vlade iz 1914-1918, u emigraciji. Ovo ćemo videti dalje, i po mnogim faktima. Pašić je možda najbolje upoznao hrvatske Jugoslovene na zaključivanju Krfske Deklaracije, okolo 7. jula 1917, na čarobnom jonskom ostrvu. Uostalom, Pašić je već i do tog čudnog datuma imao s tim hrvatskim članovima Jugosloven-skog Odbora nekoliko incidenata, koji su mu jasno stavili do znanja kakvim je putem uz hrvatski jugoslavizam pošla bila država, koju je on dotle vodio sigurnom rukom. Jugoslavenski Odbor je glavni kri-vac za Jugoslaviju, za njenu utopiju, i za sve ono što je moralo odvesti naše narode u današnji haos. — Drugi je krivac bio Pribićević, koji je prvi u hrvatskom Saboru predložio da se Hrvatska, Slovenija i Dal-macija otcepe od Beča i Pešte, i sjedine sa Srbijom i Crnom Gorom u jednu državu (njegov govor od 29. oktobra 1918), što je ovaj to često i naročito isticao (v. „Pogledi na stanje u Jugoslaviji", Pariz 1932).

Iz svega ovog što smo dovde naveli, vidi se jasno da ni Ilirizam Gajev, ni Jugoslavizam Štrosmajerov, nisu ni po čemu bili ni os-ećanje narodne solidarnosti sa Srbima, ni iredentistički pokret sa Srbijom i Crnom Gorom za nekakvu buduću zajedničku državu, na ruševinama habsburške monarhije. Naprotiv, to je bila politika Beča i Vatikana obučena u jedan veoma zaslađen, i tobož romantičan, nacionalni idealizam; politika krupnih reči i šarenih slika; med iz košnice dve grupe ljudi, advokata i fratara; znači ljudi, koji za vo-jnički i ratnički duh Srbina, predstavljaju nešto najnerazgovetnije i najneželjnije. Ilirci su uzeli srpski jezik najpre da prisvoje dubrovačku književnost, koja je cela izgrađena na tom jeziku, a zatim da po Bosni mogu (cinizmom koji se u našoj poštenoj kući ne da ni zamisliti), da poharaju srpske narodne pesme, i onako ih bestidno štampaju u Zagrebu kao hrvatsku narodnu poeziju. A Đakovački Jugosloveni su se zaklinjali na vernost Habsburzima, neprijateljima balkanskih Slovena, istovremeno kad su proturali svoje „bratstvo" među Srbima da otruju sve najčistije bunare naše svesti i energije. To su bili zapravo ono što se tadašnjim jezikom zvalo avangardom Beča i Rima prema Balkanu, kad je baš u njemu govorio najviše oslobodilački pokret nesrećne slovenske raje u turskom carstvu.

Zar je mogao ijedan zdrav razum verovati da, naprotiv, Hrvati, nakon deset stoleća izoliranja od svega što je slovensko, mogu da posle toga imadnu divljenja za srpsko viteštvo, za carstvujušču srpsku državu iz vremena kad su oni bili već mađarsko roblje; i za Svetog Savu, koji je bio neprijatelj Rima, i vodio borbu sa rođenim bratom protiv rimske agresije na Balkan; i da su bili zaneseni kosovskim bolom i Obilića pravdom, koji su prožimali srpski narod u svakom njegovom idealu i pothvatu... Hrvat je tip izoliranog ostrvljanina i tipičnog malograđanina, sa malom istorijom, sitnom idejom o životu, sa strahom od krupnih ideala i velikih pothvata; uvek kavgadžija kafanski više nego megdandžija na bojištu; koji se uvek provlačio kroz život pogureno; uvek birajući između poniznosti prema Austriji da izbegne Mađarsku, ili servilnosti prema Mađarskoj pred terorizmom Austrije: kao 1849-1859 godine, kada je Austrija nametnula Hrvatskoj za zvaničan jezik nemački po celoj zemlji, a tako isto i Nemce činovnike ne samo po Hrvatskoj nego i po Dalmaciji. Murta sjaši, Alaj beg uzjaši!...

Kao što danas, 1942, bezočno tvrde da su demokrate, kad njihova zemlja objavljuje rat demokratijama, i šalje Hitleru svoje trupe protiv slavenske Rusije i „bratske" Srbije; i tvrde bez stida da se bore uz srpske četnike, kad su oni baš glavne uhode i najkrvoločnije glavoseče našoj nejači na svima putevima Bosne do Berana i do Novog Pazara. Pravo je nevaljalstvo govoriti da su Srbi i Hrvati dva bratska naroda, istih rasnih instikata, i zato sposobni za isti ideal i za zajedničku sudbinu u istoj državi. To je trovati zdravu pamet srpskog naroda.

Moramo reći da je ovo ideja nekih naših smetenjaka, nasuprot i samoj ideji Štrosmajera, koji nikad nije sanjao o zajedničkoj državi; i Starčevića, koji nikad nije govorio o zajedničkoj rasi; i Radića, koji je uvek isključivao zajednički „mentalitet"; i, najzad Mačeka, koji je iskreno i bezazorno odbijao da Srbi i Hrvati predstavljaju isti istorijski i etnički „individualitet". Da govorimo samo o glavnim ideolozima hrvatstva, koji su dobro znali osećanje svojih narodnih masa.

X

Mi smo videli da do osvita XIX veka nije bilo među Srbima i Hrvatima nego samo progona i pokolja; i da se i u tom XIX veku politika hrvatska kretala samo u okviru austrijanštva i katoličke propagande sa krupnim zaverama protiv pravoslavnih krajeva. Nikad nije bilo, prema tome, kroz nebrojene generacije Srba i Hrvata, ni znaka nacionalne solidarnosti i krvnog afiniteta. Eto još dokaza.

Kad je Srbija 1804. pod Karađorđem, a zatim pod Milošem, dizala velike ustanke za oslobođenje Balkana, i kad su stvarali prvu hrišćansku državu u nehrišćanskom i varvarskom carstvu na evropskom Istoku, ni jedan Hrvat nije, kao Sloven ili Hrišćanin, došao kao dobrovoljac da pomogne taj Ustanak. U Srbiji su se javljali osim Crnogoraca, još i Hercegovci, koji su dali jednog slavnog vojvodu; i Maćedonci, koji su dali dve vojvode; i Bosanci koji su dali velikog pesnika Filipa Višnjića, Tirteja onog Ustanka; i Bokelji; i Vojvođani; koji su davali vešte oficire i učene savetnike: čak i Grci koji su se solidarisali sa svojom „Heterijom", i dali Srbiji jednog svog heroja Rigu od Fere. Samo ni jednog Hrvata ni od spomena! — Nije došao onamo Hrvat dobrovoljac ni kad je Srbija docnije vojevala 1875. sa Turskom, ni 1885. sa Bugarskom, ni 1914. sa Austro-Ugarskom! Naprotiv, najkrvoločniji na Drini i Ceru, na frontu, a naročito po srpskim selima, bili su Hrvati...

Hrvati zarobljenici na ruskom frontu u prošlom ratu 1914, oficiri austrijske vojske, među kojim je bilo i oficira rezervnih, i to intelektualaca, nastojali su preko Frana Supila, koji se onda bavio u Rusiji „u misiji", da izradi kako bi Rusi dozvolili da se obrazuje jedan naročiti, i posebni, „Zarobljenički Hrvatski Korpus". Ovo je privuklo i slovenačke oficire da zajednički rade na defetizmu. Ne samo da je poznati Tuma uređivao separatistički list, koji su pomagali slovenački oficiri, preko nekog Perklea, nego je sa Gerlucom učinio da su 100 oficira Hrvata i Slovenaca istupili iz korpusa... Gerluc, urednik „Hrvatskog Prava", propagirao je otvoreno odvajanje Hrvata i Slovenaca od Srba. Umešao se u ovo i italijanski konsul preko nekog Pičinića i Aralice. Kao što vidite, već onda, i već onamo: jedna minijatura buduće Jugoslavije... (vidi „Slovenski Jug" II, 29. apr. 1917, članak dr Jambrišaka člana Jug. Odbora). — A zatim su zajedno sa Slovencima oficirima radili da se proklamuje i „Nezavisna Hrvatska i Slovenačka", kako piše sam Frano Potočnjak u svojoj knjizi „Iz Emigracije", II. 51. — Kad su iz Rusije zatim otišli na Solunski front u pomoć srpskoj vojsci 4.000 dobrovoljaca, skoro svi Srbi, onamo su Hrvati odmah pokušali da naprave svoju „četu Zrinskog", ali nisu bili ni toliko mnogobrojni da obrazuju ni tu jednu četu!... Ovo je svojim prijateljima u Beogradu docnije kazivao komandant te „Jugoslovenske divizije" general Voja Živanović (kako piše u svojoj knjizi dr Milosavljević).

Uvek odvojeni u privatnom i javnom životu, Srbi i Hrvati odista predstavljaju dva naroda najmanje slična, i najmanje sposobna za lični dodir. Ovakav slučaj se video samo među narodima razne boje kože. U političkim borbama i u štampi, bili su uvek protivnici, ako nije bio posredi kakav privremen i uvek labav sporazum prema protivniku; i uvek na kratki rok. — Za ovo ne znaju Srbijanci. Oni će uvek biti gotovi da umru za Bosnu, a često su za nju i umirali, ali nikad da za nju žive. Čak ni da dadnu sebi truda da upoznaju njen život, i njegove neobilazne zakone.

Trebalo je pratiti sve šta su kroz puno decenija pisali za slavni srpski soj ti žalosni vojnici Rima i Beča, u prečanskim zemljama, otkad Hrvati naučiše da pišu štokavski, znači na jednom jeziku razumljivom i za one kojima su sve njihove pogrde upravljane. List dubrovački, „Crvena Hrvatska" Frane Supila, osnovan 1891, i „Narodni List", osnovan već na početku borbe narodne u Dalmaciji, imali su nastupe pravog kliničkog besnila protiv Srba, svojih sugrađana, u izvesnim momentima. A kad se 1893. otkrivao u Dubrovniku spomenik pesniku Gunduliću (koji je želio poljskom kralju u svom „Osmanu" da na glavu metne sjajnu krunu Nemanjića), prilikom te svečanosti su stajale, kao dve vojske gotove da jurišaju jedna na drugu, Srbi i Hrvati iz okolnih zemalja. Tako i naše omladine u Gracu i Beču, nikad nisu imale nikakve zajednice, nego su, naprotiv, decenijama bile poznate sa svojih tuča po kafanama i ulicama tih gradova.

Žuti mravi! U Hrvatskoj je jedna krv pala zbog nekog srpskog članka u „S. K. Glasniku", 1903; drugi put, kad je bio atentat u Sarajevu, 1914; treći put 1918, kad je za vreme Prevrata mučki poginuo u Zagrebu veliki broj Srba... I tako kroz decenije. Ma koliko ovo bilo žalosno u humanom i slovenskom pogledu, trebala je srpska politika unapred stajati bliže nauci i istoriji, i dobro poznavati ove nerazumljive pojave nacionalnog i verskog ludila, da zatim ne zida na ovakvim osećanjima zajedničku kuću, u kojoj će već sutradan nastaviti ovo ludilo, ubijanjem jednog čestitog Kralja; klevetanjem jednog velikog i viteškog naroda, izdajstvom na frontu njegove dve srpske države, unešene u zajednicu sa malo pameti, ali i sa puno ljubavi; i da pokolju ovaj put stotinama hiljada srpske nejači. Nije se mogla samo izvrtanjem fakata o Ilirstvu i Štrosmajeru, i prećutkivanjem jedne svirepe istorijske stvarnosti, graditi na pesku jedna država, kako se bez naročitih naučnih i moralnih uslova ne izgrađuje ni jedna pivara, ni ciglana, ni seoska štedionica... Nije čudo što se tvrdi da je stari srpski državnik Nikola Pašić kazao za Jugoslaviju, kakvu on nikad nije zamišljao, da je to, nažalost, brod za koji niko ne zna gde će najzad doploviti.

XI

Postoji jedno razdoblje vrlo interesantno za „kristalizaciju jugoslavizma", koja je predhodila neposredno osnivanju države Jugoslavije. To je najpre ono doba koje ide od aneksije Bosne i Hercegovine, 1908, do atentata u Sarajevu 1914. godine.

Aneksija je teško pogodila Srbiju i Crnu Goru, koje su za njih jedine i više nego jednom ratovale; a tako isto srpski onamošnji narod, koji nije nikad ni prestajao da diže veće ili manje ustanke. U Hrvatskoj, naprotiv, Zagreb, koji je uvek za sebe govorio da je „carske vere", i već oduvek pevao pesme nalik na onu Okruglićevu „Ko će tebe, majko, hranit, kad ja odem Cara branit", bio je, naprotiv ushićen što je time konačno bila propala svaka nada za Srpstvo da zauzme one pokrajine. Tako zadovoljeni u svojoj nadi, da će jednog dana i pripojiti Bosnu Hrvatskoj, Hrvati su puno „jugoslavisali" u tom kratkom razdoblju, od 5 godina. Tada je staro jugoslavisanje prešlo na omladinske pokrete, na sokolaška društva, na pesme i zdravice, besplatne karte na železnicama, bankete čak i do dalekih centara ostalih Slavena.

Istina, ova podmlađena ideologija je više dolazila iz Praga, nego iz Beograda; i od Masarika, više nego od Pašića. Balkanski ratovi će još uneti i uzbuđenja i manifestacija. Istina, rat sa Turskom je pozdravljen u krugovima hrvatskim toplije nego rat sa Bugarskom; i Kumanovo pozdravljeno iskrenije nego Bregalnica! Ovo naročito zato što su Hrvati oduvek smatrali Bugare svojim saveznicima protiv Srba... Ali su čak i frankovci pokazivali interesovanje za dalje kretanje Srbije, koja je onda izgledala u naročito srećnom položaju među evropskim prijateljskim državama. Bojali su se, posle Bregalnice, novih aspiracija u Bosni. U „Moskvi" beogradskoj je večeravao poneki krupan čovek „Jugosloven" iz Zagreba sa srpskim društvom, da se dobro rasmotri; viđao se među našim crnorukcima Apisom i Tucovićem, na prvom spratu „Moskve", u zasebnom salonu, čak i dr Hinko Hinković, sa gospođom. Šef frankovaca sa šefom naših zaverenika!... Da se sve dobro odmeri!

Ali sa atentatom u Sarajevu, ova veza je najednom prekinuta ponovo.

U Zagrebu se demonstriralo i pucalo na Srbe, kad i Beč nije išao dalje od novinarskih članaka. Vikalo se za rat. U takvoj atmosferi je odista došlo do rata, ali naši političari nisu, praveći Jugoslaviju, znali kako Hrvati ni jednog momenta nisu gubili iz vida da je nestao Franja Ferdinand u kojeg su bile postavljene sve njihove nade da će ostvariti Trijalizam, stari ideal iz doba Štrosmajerovog. Ideal za čitave generacije onih koji su verovali da Austrija i Mađarska i Hrvatska, zajedno, jedine čine monarhiju katoličkim carstvom, čak i kakva po snazi nije odavna bila ranije.

Nikola Pašić nije nikad mislio na jugoslavizam.

Uostalom, Pašić je većma bio švajcarski demokrat, nego srpski nacionalac; i srbijanski državnik, više nego srpski ideolog. Njegove veze u Bosni, Dalmaciji i Vojvodini, nisu ni opažene. U Južnoj Srbiji je tekla naša propaganda u stilu Stojana Novakovića; i dr Gođevac i Luka Ćelović su, nezavisno od njegove vlade, poslali onamo prve četnike, odneli prve pobede, a zadobili tek zatim zvanične krugove da taj pokret prihvate i pomognu. Kao što je reč „naš Pijemont" došla od Srba sa strane, tako je često naše zvanične krugove, kao na snu, uhvatio poneki slučaj od najvećeg značenja. Kralj Petar jedini, ni kao starac, nije zaboravljao da je četvrt veka ranije i sam kao srpski četnik vojevao u Bosni.

U takvim moralnim prilikama došla je za „jugoslavizam" zagrebački opet jedna velika proba; ratna 1914. godina.

Zagreb nije ni dana čekao da taj rat protiv Srbije primi kao sveti rat za Katoličanstvo protiv Pravoslavlja; i rat koji bi, sa smakom Srbije, istavio Hrvatsku na najveću visinu koju je mogla poželeti, ne samo na pitanju Bosne, nego i po pitanju svega za čim je Srbija ranije maštala. Hrvatske regimente na Drini, u kojima je bio cvet Zagreba, bili su najogorčeniji vojnici austrijski na frontu; i niko još ne zaboravlja sve pogrdne reči koje su hrvatski vojnici na adresu kralja Petra ubacivali u rovove vojvode Stepe. Ovaj rat u Mačvi, gde je Hrvatska izgubila svoje pukove u borbi protiv Srbije, najbolje je pokazao zagrebački „jugoslavizam". Međutim, nismo bili u velikom rastojanju od dana 24. novembra 1914, kad je u Nišu srpska vlada svečano izjavila da rat koji počinje jeste namenjen oslobođenju ne samo Srba, nego i Hrvata i Slovenaca...

Čak treba biti uveren da je gornja poruka iz Niša u Zagreb, već i prvog momenta izazvala indignaciju i gnev svih dobrih Hrvata, koji su od jednog ovakvog rata između velike monarhije i male balkanske države očekivali sasvim drugu stvar. Oslobođenje, navešteno iz Niša, to je za Hrvate, naprotiv, izgledalo kao njihov crni petak...

XII

Evropski rat, krenut na srpskom pitanju, izbacio je na površinu jedno novo ime jugoslovensko, najznačajnije u nekom pogledu, od vremena biskupa Štrosmajera.

To je bio dr Ante Trumbić.

Dr Ante Trumbić je bio splitski advokat i poslanik u dalmatinskom Saboru, poznat kao nekadašnji veliki pristalica hrvatske stranke prava Starčevićeve. Izabran je kao primus inter pares za predsednika Jugoslovenskog Odbora, koji je bio za vreme rata sastavljen na strani, pod vidom pomoćnog organa Pašićevoj vladi Srbije. U Odboru su bili i neki jugoslovenski patrioti Srbi, koji nisu bili zadovoljni da prošire Srbiju na Državu Srpstva, znači svih srpskih ujedinjenih zemalja pod srpskom krunom, državu skoro veliku koliko i ta Jugoslavija! Oni su iskreno i bezazleno želeli zajedničku kraljevinu Srba, Hrvata i Slovenaca...

U stvari, ovaj Odbor je imao cilj da kontroliše srpsku vladu u njenoj akciji. Trumbićev Odbor je prvim aktom izišao da skuplja dobrovoljce iz nesrbijanskih krajeva u „Jugoslovensku Legiju", s tim da se ona okupi u Italiji, i onamo vežba oružju. Ali ni rečju nije pomenuto da je ona stvorena da radi u smislu izjave srpske vlade u Nišu 24. novembra 1918; niti da ide na srpski front gde se, međutim, vodio rat za zajedničku stvar! Mnogim Srbima je onda izgledao podozriv ovaj Odbor, naročito kad se čulo da je jedan krug hrvatskih patriota tražio od državnog podsekretara talijanskog, De Martinija, stvaranje Velike Hrvatske. Hrvati nisu mogli zamišljati svoje ikakvo oslobođenje bez Rima, na koji su inače svagda bacali drvlje i kamenje. Vest je zato izazvala senzaciju. Ali kako je, po nesreći, zaključen bio Londonski Pakt, kojim se zadobila Italija da uđe u rat na strani saveznika, za šta su joj saveznici svečano obećali veliki broj dalmatinskih ostrva i zemljišta na obali, duboko je potresao Hrvate. Od tog momenta su počeli da ipak veruju više u Srbiju, nego u svoju Legiju, a više nego i u svoju diplomatiju.

Bilo je svakako vrlo zanimljivo za držanje Hrvata u Jugoslovenskom Odboru, koji se najpre zvao Hrvatskim, a tek zatim Jugoslovenskim, što je već početkom rata putovao za Petrograd kao delegat, poznati novinar i prvak Frano Supilo, i onamo dao Caru ruskom u ime predstavnika Trumbićevog prvog Odbora jedan hrvatski Memorandum, posle čega je Sazonov pisao Krupenskom, svom poslaniku u Rim, da ga Njegovo Carsko Veličanstvo ne može uzeti u obzir, pošto je ruska vlada našla taj Supilov Memorandum nesaglasan sa već ranije dobivenim Memorandumom srpskog akademika Ljube Stojanovića, i koji sadrži teritorijalne pretenzije srpske (Srbija i Jugoslavija, 53).

Arhiva Jugoslovenskog Odbora dr Trumbića nije nikad bila objavljena, osim nekoliko uspomena N. Stojanovića. O njemu je pisala samo jedna strankinja dr Matilda Paulova! Bilo bi međutim vrlo interesantno ispitati neke slučajeve. Mnogo se daje poremetiti samim pretpostavkama. Svakako, uticaj dr Trumbića, palanačkog advokata sa malim duhovnim mogućnostima, koji nije bio na glasu ni da je što važno napisao, ni izgovorio, ni uradio; ali koji je bio nesrazmerno ambiciozan srbofob, težak kao stena za Srbe statiste u njegovom društvu; i opsednut stalnim priviđenjima da će ga Pašić izigrati, i da će Srbija prevariti Hrvatsku. I Hinković je u Odboru bio fatalan. Postoji pretpostavka da je Jugoslovenski Odbor prisilio Pašića da potpiše poznatu Ženevsku Deklaraciju od 6/9 novembra 1918, koja bi, da je održana na sili, sve tekovine rata ustupila, mesto Srbiji, Hrvatskoj, koja je, kao što se zna, ratovala i onda protiv saveznika, na strani Nemačke i Austro-Ugarske, do poslednjeg dana.

Ali Pašić nije propustio da, brzo nakon rata, objavi pod redakcijom jednog poznatog publiciste beogradskog, Milana Đorđevića, izvesna dokumenta o odnosima Srpske Vlade i Jugoslovenskog Odbora dr Trumbića. U toj Pašićevoj publikaciji piše (str. 33) da se 13. aprila 1916. Jugoslovenski Odbor obratio francuskoj vladi Memorandumom, u kojem je stajalo: da o stvarima Srba i Hrvata i Slovenaca iz Austro-Ugarske, mora u svakom slučaju i Jugoslovenski Odbor imati svoju reč, a ne samo Srbija, s kojom se oni slažu samo u načelu; i da je Jugoslovenski Odbor legalni predstavnik cele emigracije; i jedini predstavnik Srba, Hrvata i Slovenaca ukupno. — U tom Memorandumu je u isto vreme iznesen i plan koji treba da bude izvršen na svršetku rata: Ujedinjenje u jednu nezavisnu Državu, ali s tim da oni imaju glavnu reč, kao što su to tobož odobrile sve iseljeničke organizacije. Naravno, kaže jedan pisac, da nikad Saveznici nisu Jugoslovenskom Odboru odobrili ovu kompetenciju (v. Srbija i Jugoslavija).

Trumbićeva je lozinka bila „da je Srbija propala", i „da Srbije više nema", kako bi tu zemlju stavila na stepen Hrvatske. A, međutim, Srbija je u početku onog rata imala čitavih svojih 5 miliona stanovnika, i u balkanskim ratovima proširena, i sa svojih 87.303 kv. kilometara, prema maloj Hrvatskoj koja se nije ni razaznavala u granicama tuđe monarhije. Intrige Trumbićeve su bile, odista, poznate u savezničkim krugovima u Parizu. Jednom je, kaže jedan pisac, Lojd Džordž odgovorio Trumbiću da „sve što čine saveznici Jugoslovenima, to čine zbog herojske Srbije"... Trumbić, kao danas Krnjević ili Šubašić, nikad neće razumeti da su oni u kući Saveznika potpuno „persone ingrate", pošto se oni bore za jedan ideal, a ovi za drugi; dakle samo uljezi, koje saveznici podnose, blagodareći jedino lošim i nerazumljivim nastojanjima izvesnih Srba.

Trumbić, u jednom momentu „lucidne intervale", osetio je kako se ipak mora približiti srpskoj vladi, da se na taj način približi i njenim Saveznicima. Tako je postala Krfska Deklaracija, 7/20 jula 1917, manifest o budućem državnom jedinstvu. Ali je palo u oči da je sa ovim manifestom na Krfu, (20. jula 1917) potpisana, jedva malo ranije (30. maja 1917), i u Beču takozvana Majska Deklaracija, u kojoj onamošnji poslanici našeg jezika u Rajhstagu izjavljuju da Hrvati, Slovenci i Srbi formiraju jedno državno telo — Jugoslaviju, u okviru austro-ugarske monarhije, i pod krunom Habsburga... (v. „Um die Jugoslavia" od profesora univerz. Usenicki). — Jedan naš pisac vidi vezu izmeću događaja na Krfu i ovog u Beču (Milosavljević, I). Isti dodaje da je u ono vreme, i po svedočanstvu osečkog „Hrvatskog Lista" od 2. febr. 1922, iz Hrvatske otišlo mnogo političara da održavaju vezu sa Trumbićevim Odborom (Šušterčić,

Maček, Andrić, Barac, i to u Bernu, Cirihu, Lozani i Ženevi). Ovo potvrđuje i Frano Potočnjak u svom delu „Rapalski Ugovor", str. 32.

Ali potpisavši u Krfu famoznu Deklaraciju sa Pašićem, dr Trumbić je ubrzo iz Beograda učinio da istu Deklaraciju napadne Američko-Jugoslovensko Narodno Vijeće (don Niko Gršković), u svojoj „Otvorenoj Riječi", kako je Ustavotvorna Skupština izigrala član I te Deklaracije, koji se odnosi na dinastiju, izglasavši da Karađorđevići ostaju vladarima Jugoslavije. Tražila je ta „Otvorena Riječ" da Kralj abdicira, kako bi bio zatim i od Hrvata biran za vladara!... Dodaje se da je u Krfskoj Deklaraciji bilo u tom pogledu samo „sugestija i želja" odnosno iste dinastije, ali ništa više. Ovo je značilo već odmah podriti autoritet krune.

Međutim ovo je bila neistina, jer je I član Krfske Deklaracije glasio bukvalno ovako: „Država će biti ustavna demokratska i parlamentarna monarhija, sa Karađorđevom dinastijom na čelu, koja je uvek delila ideje i osećaje naroda, stavljajući iznad svega slobodu i volju naroda".

Oni Hrvati, koji nisu nekoliko godina ranije ni jednom austrijskom predstojniku smeli učiniti ni najmanju stvar nažao, nasrću svim besom na našu slavnu dinastiju. Samo su naši glupaci mogli verovati posle ovog da ova akcija Hrvata protiv srpske dinastije neće i do kraja ostati glavnim predmetom pri rušenju države.

XIII

Ovakav je bio „jugoslavizam" i dr Trumbića na osvitku jugoslovenske zore. Ne zaboravite da je dr A. Trumbić prešao Radiću baš u onim danima kada je ovaj osuo bio najveću paljbu na državu koju je tobož i sam Trumbić stvarao, i na dinastiju koju je isti Trumbić prvi napao.

Docnije će doći kao prirodna posledica ove Trumbićeve akcije, i Radićevi govori protiv Kralja, i Marseljski atentat, i najzad plebiscit u iseljeništvu Hrvata američkih koji je napravio nedavno hrvatski muzičar Vlado Kolić, pomoću patriotskih korporacija, odnosno buduće vladavine Petra II.

Treba znati da je don N. Gršković slao svoju „Otvorenu Riječ" posle izjave Vilsonove o slobodi samoopredeljenja naroda, koja je onda pred sobom potrla sve odgovornosti Hrvata za saučesništvo u ratu. Onako, kako to i danas smatraju Hrvati izjave Čerčila i Rozvelta o tom samoopredeljenju što i čini položaj Krnjevića u Londonu osionim i onako bezočnim.

XIV

Nećemo govoriti o „jugoslavizmu" za vreme države Jugoslavije.

Svako zna da za 23 godine zajedničkog života, nije bilo mira u toj državi, i jedna cela perioda je prošla u gubljenju vremena, izlišnim i nedostojnim borbama, uniženjima kakva ni jedan narod nije svojevoljno podneo, i, najzad, krvoprolićima koja se nikad neće brisati. Niko među Srbima nije razumevao kakvog je bitnog razloga bilo za ta iskušenja, srpskom narodu koji je iz ratova od 1912. do 1918. izišao bio kao pobedilac triju neprijatelja, koji su morali s njim zaključiti tri mira na bazi: ve viktis. Od Srba je zavisilo da sebi naprave državne granice na način da bi one dostizale za 2/3 teritoriju bivše Jugoslavije! I da tu državu Ujedinjenog Srpstva niko ni etnički ni istorijski ne mogne poreći!

Ovako je Srbija u državni okvir uključila u zajedničku državu, na osnovi Štrosmajerovog „jugoslavizma", Hrvatsku za više nego jednu trećinu pasivnu; Dalmaciju sasvim pasivnu; granicu na moru za punih 1.000 kilometara dužine; a na suvu bezmalo dvostruko toliko! Bez ikakvog naročitog sopstvenog dobitka. A sa svim moralnim i najgorim ispaštanjima. Da najzad dođe do izdajstva hrvatskog na frontu, i pokolja srpske nejači... A pre svega ovog i do kapitulacije 25. avg. 1939.

Mi verujemo da smo ovim našim napisom naročito utvrdili da je ideja za zajedničku državu između Srba i Hrvata, ili bila sasvim nemoguća, pored istorijskih uspomena koje su oni vekovima među sobom imali; ili bar za jedno celo stoleće preuranjena, vrlo malo i nedovoljno ozbiljno pripremana, čak možda i improvizovana u zanosu postignutih pobeda u Srbiji; a u očajanju Hrvatske, nakon katastrofe svih njenih vekovnih ideala: posle uništenja Habsburške monarhije. Mi smo na drugom mestu već istakli: Država, to je pre svega jedan duhovni pojam i jedna duševna tvorevina; zato ako država nije nacionalna, znači proizvod nacionalne ideologije, ona predstavlja samo jedno veliko preduzeće, ali ne i jednu državu.

Tako je „jugoslavizam" bio za Hrvate oličenje pravoslavlja, balkanizma i ćirilice; a za Srbe je bio antiteza Srpstva, preveravanje, i renegatstvo napram svih velikih tradicija Svetosavlja: nemanjićske ideje o zajednici Države i Nacije i Crkve u jednom i istovetnom moralnom pojmu... Za Hrvate je „jugoslavizam" bio velikosrpska zamka, politička perversija, balkanska urota protiv katoličke Crkve, hrvatskog Državnog prava, kulture zapadnjačke, i smisla o redu i zakonitosti. Zakonitosti kakvu je poznao hrvatski narod, iako često ponižavan, u habsburškoj monarhiji, koja je ipak predstavljala jednu od najsavršenijih administracija, i jedno od primernih pravosuđa evropskih.

Da se napravi Jugoslovenska Država, trebalo je napraviti Jugoslovenski Narod, i imati jugoslovenski jezik. Ali su Hrvati bili vrlo nacionalno isključivi, a Srbi i odveć bogati svojom tradicijom velike države i Carstva, koje su u neka vremena bile prve države na Balkanu; i svojom narodnom kulturom, srednjevekovnog književnog života, slikarstva, pesništva; bili su opijeni i novim tek jučerašnjim pobedama, koje su ih u celom svetu bile proslavile. A jezik su zvali jedni srpskim, a drugi hrvatskim. Kad se još uzmu u obzir međusobna vekovna netrpeljivost, verska razlika, kulturni mentalitet, onda se takvo nivelisanje i amalgamiranje nije moglo ni zamisliti kao ostvarljivo ovako neočekivanim državnim spajanjem nikad i ničim nepripremanim, a čak i nepredviđenim.

Hrvatski vođi su bojkotovali izgrađivanje Vidovdanskog Ustava, kojim su mogli dobiti sva prava koja su hteli. Već se dobro znalo da su oni nekad u Pešti imali nekog tobožnjeg ministra bez portfelja, a u Beogradu su imali pravo da u svakoj vladi imaju svojih šest ministara, i to sa portfeljima... U jednoj vladi Davidovićevoj odmah na početku imali su Hrvati svojih sedam ministara!... Zatim su imali predsednika Parlamenta svog Hrvata, a to je rang predsednika vlade. Uostalom, nije bilo nikakvog zakona ni da Hrvat ne postane i predsednikom ministarskog saveta. — U diplomatiju su onda slati i Hrvati i Slovenci makar i sa teškoćama što nisu poznavali dovoljno francuski diplomatski jezik. U Beogradu je bila borba oko činovničkih položaja, ali samo između kandidata, inače ni jedna vlada nije pravila ni kvotu ni pitanje oko toga otkud je koji činovnik dolazio. Utakmica je prestala tek kad je Zagreb stao potpuno na ratnu nogu protiv Beograda. Ne može se odista prekor praviti Beogradu da je bio ni prvih godina sebičan. Staklo na koje su zagrebački političari gledali bilo je ukaljano, i stvari su dobijale nečist izgled i kad toga ni najmanje nije bilo. Međutim, da bojkot protiv države nije sprovođen na osnovi takvog bitnog pitanja, kao što su položaji, Radićeva propaganda ne bi ni onako brzo zahvatila sve krugove onamošnjeg društva. Hrvati su to dobro znali.

Treći elemenat u državi, Slovenci, držali su i sami do svog nacionalnog individualiteta koliko i oni drugi. Prva njihova briga je bila da dobro podvuku kako njihov jezik, jezik na kom su pisali jedan Cankar i Zupančić, nije dijalekat srpskog ili hrvatskog, nego posebni nacionalni govor. Stvorili su zatim i svoj sopstveni Univerzitet, koji ranije nisu imali, a zatim i Akademiju Nauka. Sve ovo stoga da se ne bi utopili u ideji „jugoslavizma", o čemu se toliko govorilo. Zbog ovog su Slovenci bili primer partikularizma, i više smetali nego vezivali. U krvavoj igri Srba i Hrvata, za 23 godine države Jugoslavije, ovi kulturni, mirni i pozitivni Slovenci, ostali su celo vreme kod sebe, ne mešajući se u spor, ne zovući braćom Srbe, ali naročito nikad ni Hrvate (koji, naprotiv, smatraju Slovence „gorskim Hrvatima"). Slovenci su ostali ovako među nama 23 godine skoro više kao pošten ortak u jednom zajedničkom poslu, nego kao treći brat u zajedničkoj porodici.

Poslednjih godina je „jugoslavizam" izgledao samo ideja ministarska i režimska. U ime njegovo su napravljena mnoga nasilja i bezakonja. On je dobio izgled više zvaničnog patriotizma diktatorskih režima, nego što je predstavljao stvar savesti jednog svesnog i prosvećenog građanstva. Više politička mera i dužnost, nego nacionalno gledište i uverenje. „Jugoslavizam" je postao i jedan artikal za izvesne klike, i imao svoje tržište, berzu, spekulante i berzijance. Njega je vlast nemilosrdno branila i kad ga niko nije više ni napadao, niti se o njega naročito grabio! Od onog dana otkad je „jugoslavizam" postao doktrinom raznih režima, on je postao tegoban i sumnjiv i za Srbe, koji su ovu utopiju platili velikim nacionalnim gubicima i neizmernim sramotama.

Jugoslavizam je ideologija bez svog ideologa; ideal koji je, kao što smo videli, ponikao iz intrige; utopija koja je potisla i onemogućila ideju; zakon koji je branjen bezakonjem. Jugoslavizam će u našoj istoriji biti sinonim diktatura, za koje je od prvog trenutka bio tesno vezan.

Ako je srpski narod rado prihvatio novu eru 1918, novu državu, i nove državljane, o kojima je znao većim delom samo po čuvenju, to je zato što je verovao ondašnjim svojim državnicima, koji su vodili tri pobedilačka rata; ali ne sluteći koliko su i oni bili izigrani u Parizu i Londonu, mahinacijama Trumbićevog i Hinkovićevog Jugoslovenskog Odbora, u kojem je bilo nekoliko srpskih članova, malog kalibra; i koji je unosio nered i pometnju u sve srpske nacionalne i rasne osnove; sa upornošću i bezobzirnošću koje su dobijali od hrvatskih članova tog kruga, mnogo jačih ne samo u intrigi, nego i u uverenju i pravcu kakav su želeli: uvek birajući antitezu protiv teze, reakciju protiv akcije, spletku protiv ideala.

Ali srpski narod nije znao da će u novoj državi postati strancem u svojoj sopstvenoj kući. U svom slovenskom i patrijarhalnom shvatanju krvne i rasne veze, on nije verovao da će se u toj kući naći među zaverenicima protiv svih njegovih zavetnih svetinja, među dojučerašnjim tuđim vojnicima, koje je on pobeđivao, da ga oni zatim oklevetaju i obeščaste među evropskim narodima u čijoj je sredini on dotle bio i velik i slavan.

Ali ni to nije sve. Srpski narod nije ni znao da sa novom i zajedničkom državom on uzima na sebe obaveze koje su premašale sve njegove mogućnosti, a u zamenu ništa ne dobijajući od dveju ostalih grupa u toj zajednici. Jugoslavizam je bio stranputica i bespuće, vratolomija i samoubistvo.

XV

Srpski narod, a to je ne samo Srbija, nego i celo Ujedinjeno Srpstvo, mesto da se 1918. formiralo u jednu ogromnu i etnički homogenu grupu, i sledstveno u jednu veliku državu, primilo je na sebe dužnost da pristane na granice Jugoslavije koje su samo na moru imale dužinu od ništa manje nego 1.000 kilometara od Sušaka do Ulcinja; a na suhu, dvostruko toliko, od Đevđelije do Kranjske! Za odbranu onolike obale, trebala bi jedna preskupa ratna mornarica kakve od velikih sila, a kakvu mi nikad nismo mogli ni zamisliti sa našim malim budžetom. Za odbranu suvozemne onako beskrajne granice, trebala je tako isto vojska jedne velike sile, sa oružanjem, koje je iziskivalo ogromne troškove, i za nabavku i za uzdržavanje! Sa iluzijama da će naši ondašnji pobeđeni neprijatelji ostati celog veka i dalje obezoružani, mi smo naivno verovali da će herojstvo srpsko, pomognuto patriotizmom hrvatskim i poznatom otpornošću slovenačkom, biti garantija mira dovoljna i za ceo evropski istok.

Ovo je bila jedna kobna obmana. Jugoslavija sa takvim granicama, i sa onakvim budžetom, bila je, dakle, od prvog momenta jedan politički apsurdum. — Francuska je, na primer, sa dve strane ograničena velikim planinskim lancima, Alpima prema Italiji, i Pirinejima prema Španiji; a s juga morem, gde je mogla u izvanrednim lukama držati flotu prema njenom onda najbogatijem budžetu na kontinentu; a sa zapada je graničila Okeanom koji su zapadne države po prirodnim zakonima njihovog položaja, trebale uvek da zajednički brane mornarice dveju savezničkih država (a ne samo jedna od njih). Uzimam ovde za primer samo pitanje granica ove jedne evropske države, koja je imala sreću da prema Nemačkoj, glavnom neprijatelju, ima jednu jedinu granicu otvorenu. Skoro ne ni veću nego što je takvu granicu imala bedna Jugoslavija prema toj istoj Nemačkoj, 1941. godine!

Već samo ovakvo pitanje buduće državne granice bilo je dovoljan razlog da se ideal ujedinjenja smatra veoma komplikovanim. Skupština u Nišu je 1914. objavila da će Srbija ratovati i za oslobođenje Hrvata i Slovenaca, verujući da će to ovi radosno pozdraviti, ali ni onog dana u Nišu ondašnji državnici nisu tim mislili i na ujedinjenje, koje je već mnogo složeniji problem, kao što se videlo i na drugim primerima evropskih država. Srbija je uzimala obavezu da i svojom krvlju brani sutra, i to protiv dve velike sile, svoje nove susetke, Nemačke i Italije, zapadne granice, dignute već do Triglava i do Mure! Zar to nije bio apsurdum.

Pitamo se da li se ondašnja naša vlada pitala: šta Srbi u zamenu i sami dobijaju za takvu tešku obavezu protiv velikih sila? Kako takvoj obavezi odgovara hrvatski i slovenački unos u taj opšti kapital, u to zajedničko državno ostvarenje? Skoro ništa, ko imalo poznaje istinski slučaj sa ovim pitanjem. U vojničkom pogledu (našto je Srbija najviše polagala), niko nije smeo misliti da će sa osećanjima koja su Hrvati uvek imali prema Srbima, a naročito onim sa kakvim su ušli bili u državnu zajednicu, i sa mešanjem katoličanstva i austrijanštine, bitnih duhovnih orijentacija hrvatskih, ikad Hrvati ginuti uz Srbe, ma na kojem frontu, i prema kojem bilo neprijatelju. Već prvih dana ujedinjenja, Hrvati su vrlo iskreno u Zagrebu isticali da se nikad ne bi borili za srpske granice u Južnoj Srbiji ili na Timoku.

Uopšte, ni o kakvim zajedničkim herojstvima nisu Hrvati dali da se govori širom cele njihove zemlje. Oni su okretali čak na smešno srpsku ratničku istoriju, slavu srpske vojske, koja je bila slavljena kao herojska i od svih neprijatelja, a ne samo od prijatelja. Ne priznavajući da je išta Srbija doprinela oslobođenju njihove zemlje, jedan hrvatski ministar, dr Krajač, povikao je jednom cinično u Skupštini, i to kratko nakon ujedinjenja: „Recite nam koliko košta ta krv koju ste prolili za Hrvatsku, da vam je platimo..."

Nikakve ni ekonomske koristi nije imala Srbija, ni srpski narod oko nje, udružujući u zajedničku državu bogate srpske zemlje sa pasivnom Dalmacijom, pasivnom Slovenačkom, i za 1/3 pasivnom Hrvatskom... Nikakav njihov proizvod, ni prirodni ni industrijski, nije bio Srbiji neophodan, pošto je Srpska Zemlja imala sve iste prirodne proizvode i sama u izobilju; a industrijske je mogla jeftinije nabaviti iz Mađarske i Italije. Međutim, Hrvatska svoju industriju nije mogla prodati ni u Italiji, ni u Mađarskoj, pošto su obe industrijski bogatije; a mogla ih je prodati samo srpskim agrarne.

Tako treba razumeti cvetanje industrije hrvatske, i dizanje Zagreba do velegrada, pošto ona zemlja nije rađala više pod upravom

Beograda nego pod upravom Pešte i Beča... Tako i razumevajte izgradnju Sušaka, i veliki procvat Splita. — Međutim, Hrvatska nije prestajala sa kukanjem da je pokradena, ni onda kad je srpska Vojvodina, jedna od žitnica Evrope, sama plaćala 52% celokupnog državnog poreza. Štaviše Hrvatska malo što nije upropastila državu već sutradan po našem ujedinjenju, sa lakoumošću koja je prevazilazila i sav cinizam ondašnjih hrvatskih vođa.

Već prvih dana je Zagreb pozivao narod da ne ide u vojsku. Za agrarnu reformu, koju je Beograd drznuo da rešava (iako to nikad nisu hteli ni Mađari, ni Austrijanci, ni Turci, i koja je uvek nepopularna stvar), Hrvati su objavili svoje proteste sa najvećim klevetama protiv Srba. I onda kada je tu reformu sprovodio Pavle Radić!... Na sve evropske konferencije koje su se gde držale u ono vreme — u Parizu, Versaju, Trianonu i Rapalu — iz Zagreba su išli memorandumi tražeći hrvatsku republiku. Radić se u mladosti kazivao Jugoslovenom — čak i Srbinom, smatrajući, iako netačno, da su to dva imena istog naroda („Ja sam Srbin koji govori hrvatski” vikao je jednom prilikom ovaj ljubitelj kalambura). Ali u 50-oj godini je pošao da ruši monarhiju, i stvara republiku u kojoj bi on postao predsednikom. — Duhovni bojkot Zagreba protiv države, bio je nečuven. Radić, koji je pevao himne Franji Josipu za života Carevog, održao je jedan plačevan nekrolog u Saboru kad je došla vest o Carevoj smrti; i zajedno sa ostalim članovima Sabora glasao da mu se u Zagrebu digne spomenik...

Povika iz Zagreba protiv nesposobnog činovništva i korupcije, bilo je stvarno samo povika koja je postojala svugde po Evropi posle rata, povika protiv opšteg zla.

Hrvati su bojkotovali državni zajam, a posledica toga je bio pad naše valute, i milijardama gubitka. Hrvati su bojkotovali i pravodobno izgrađivanje železnica, što je nanelo takođe ogromne štete, i još veći pad valute. Ali ne samo ogromne štete Srbima, na koje se gađalo u njihovim bogatim krajevima, nego i protiv Hrvata, u njihovim ubogim zemljama, nerazvijenim i pasivnim... Promena njihove austrijske krune u ondašnju državnu monetu, srpske dinare, u srazmeri 1:3, napravilo je jednu nezakonitu trgovinu sa našom valutom, jer nisu menjane samo upotrebljavane i prljave hiljadarke hrvatskih seljaka, nego i vagonima novouvezene krijumčarene hiljadarke zagrebačkih bankara, iz Pešte i Beča preko Mure u Hrvatsku.

Praveći ovakvu sabotažu državi, Radić je bio okrivljen i zatvoren (uostalom vrlo nepolitički, i dosta stupidno), ali kad se on vratio zatim u ondašnji radikalski Beograd, prva mu je misao bila da ode da blagodari Kralju, i ušao u Dvor poljubivši, na očigled sviju, desni stub Dvorskih vrata. Srbijanci su ovo smatrali svojom pobedom. Međutim, nešto docnije, isti Radić je tražio od članova svoje velike stranke da niko ne ode na otkrivanje Štrosmajerovog spomenika u Zagrebu, kako se ne bi pravila zabuna između njegove politike, isključivo destruktivne, i Štrosmajerovog „jugoslavizma", tobož konstruktivnog.

Dr Vlatko Maček je pošao istim putem, kad je, pre malo godina, tražio da promeni svoje ime Jugoslovenska Akademija Nauka u Zagrebu, koju je tako nazvao Štrosmajer da bi je napravio bar njenim samim imenom, ako ne i značajem svojih akademika, centralom na jugu slovenskom. Maček je tražio da se ne zove više Jugoslovenskom Akademijom, nego Hrvatskom. — Dodajmo ovoj istoriji „jugoslavizma" zagrebačkog još jedan fakat. Kad su 9. aprila 1940, neki poštovaoci Štrosmajera hteli dati opelo u Zagrebu za spomen 35-godišnjice smrti đakovačkog dobrotvora, monsinjor Stepinac, biskup zagrebački, tog se dana našao na putovanju, da ne bi uzeo učešća u proslavi Štrosmajera, čije se ime dovodilo — iako pogrešno — u vezu sa „jugoslavizmom", glavnim principom države Jugoslavije.

U takvom raspoloženju Zagreba prema državi Jugoslaviji, došlo je dakle i proleće 1941, kad je trebalo najveće duhovne zajednice među članovima Jedne države, pa poći zajedno na granicu protiv neprijatelja. I to ne neprijatelja Bušmana i Hotentota, ili Laponca i Samojeda, nego Germana, koji je u Zagrebu svagda imao prijatelje; i protiv Italijana, koje su Hrvati uvek mrzeli, samo zato što su ih ovi prezirali. Hrvatski oficiri su bili već spočetka spremani za prelazak neprijatelju na frontu čim se ovaj bude pojavio. Samo su vrlo slabi mozgovi među Srbima mogli verovati da hrvatski oficiri stoje srcem bliže Beogradu nego Zagrebu, i srpskoj vojsci bliže nego svojim onamošnjim porodicama.

Da je neko zapitao tvorce Jugoslavije u Parizu (izuzimajući Trumbićev Jugoslovenski Odbor), da li bi pristali na državu koja bi onako doživela izdaju na velikom delu svog fronta, i u prvom okušaju jugoslavenskog patriotizma; a zatim još i pokolj pola miliona srpske nejači, ne verujem da bi se onda iko bio rešio na takvu svirepu avanturu, kao što je bio 1. decembar 1918.

FEDERALIZAM ILI CENTRALIZAM

ISTINA O „SPORNOM PITANJU"
U BIVŠOJ JUGOSLAVIJI

I

RASPOLOŽENJE PRE UJEDINJENJA

Za veliki broj godina bivše Jugoslavije strani svet je verovao da je razdor u našoj državi imao karakter ideološki i istorijski, više nego moralni i kulturni. Naime, da su se Srbi borili za centralizam, a da su Hrvati uporno stajali na svom principu federalizma. Međutim, ovo je bilo apsolutno netačno, bar što se tiče hrvatskog federalizma. I ovu zabludu moramo otkloniti. Takve tvrdnje su kroz četvrt veka širene iz Zagreba da se time pogađa Beograd, kad su Hrvati želeli da ga predstave prestonicom jedne istočnjačke države, koja i ne zna za savremene sisteme uprave. — Hrvatski članovi londonske Jugoslovenske vlade, tvrde i danas, 1942, u svom Memorandumu, kako su Hrvati uzalud pokušavali ranije zadobiti i Habsburšku monarhiju za federalistički sistem, sećajući se valjda jednog prolaznog gesta svog Sabora iz 1848. Ovim načinom podmetanja i lažnih legendi, išlo se zatim da se pred demokratskom Evropom omalovaži Beograd, kao grad tobož istočnjački, prema Zagrebu, tobož zapadnjačkom.

Naš je cilj da ovom knjigom pokažemo kako su Hrvati bili u Jugoslaviji daleko od svake ideje za federativni sistem, drukčije nego samo iz taktičkih razloga; i da su, naprotiv, od početka radili jedino na svom cepanju od te zajedničke države. Njihov cilj je jasno kazao sam dr Maček, kad je jednom u francuskom časopisu (La Voix Europeene, br. 2, decembra 1936) izjavio (u svom takozvanom „mesažu" francuskom narodu) kako je Francuska stavila u teško iskušenje hrvatski narod, počevši još od pre kraja rata i preliminara mira, podržavati na istoku Evrope „samo ona rešenja koja su išla na uštrb hrvatskog naroda". U ovom napisu Maček je objavio Evropi i kako u Jugoslaviji ne postoji samo jedan narod, nego „više naroda, i više kulturno-ekonomskih teritorija". Maček dodaje da on ovu poruku šalje prosvećenom francuskom narodu u ime svog hrvatskog naroda.

Iz ovog se vidi svagdašnje uverenje hrvatskih političara da su Srbi, po ugledu na Francusku, uzeli svoj centralizam za jugoslovensku državu, a ne goboreći da je taj centralizam, naprotiv, ponikao iz jednog vekovnog osećanja pravnog i iskustva istorijskog samog srpskog naroda, još od postanka njegove države u Raškoj početkom IX veka! Čak kad je sa centralizma prešao, posle Dušana, na autonomije, država je propala. — Maček je išao i dalje. On je ovaj „mesaž" dopunio u leto iste 1936. bugarskim novinarima u Kupincu, izjavivši se, povodom jednog smelog govora njegovog delegata na nekom banketu udružene opozicije, Žige Šola, o „posebnoj teritoriji" za Hrvatsku, koja je, uostalom, teza samog Mačeka: borba za narodne individualitete. Ovo se, očevidno, odnosilo na jednu istorijsku i etničku teritoriju, a ne na federativno uređenje cele države, na osnovu njenih geopolitičkih prilika.

U svakom slučaju, nikad Hrvati nisu želeli, drukče nego taktički, jednu Jugoslaviju čija bi prestonica bila Beograd, srpska većina glavni deo naroda, pravoslavlje glavna vera u državi, i naročito, srpski kralj poglavar ovakve zajednice! Hrvati nisu mogli ni zamisliti da se nekad docnije bore u takvoj državi za svoja posebna građanska prava (a svaki narod prirodno ima svoja posebna prava), sa jednom srpskom rasom, čija je vojska rešila pitanje Turske u Evropi, i Bugarske na Balkanu, i Habsburške monarhije na evropskoj karti. Ovakva iluzija sa Jugoslavijom, nije nikad postojala u pameti hrvatskoj. Od vremena stvaranja narodnih hrvatskih stranaka, u doba Starčevićevo i Štrosmajerovo, Hrvati nikad nisu spremali svoj narod za drugo nego za jednu autonomiju „pod žezlom habsburške dinastije". Ovo načelo su dve stranke, „pravaška" i stranka „unionistička" otvoreno istakle i u svom programu. I treća, „Samostalna stranka" je bila za uniju sa Austrijom. — Takva želja se manifestovala i svagda docnije u raznim izjavama javnosti i u čestim porukama samom Caru te monarhije. Slovenački vođ Šušterčić je i 1911. objavio da Slovenačka želi samo ujedinjenje pod Habsburzima, kao što je i drugi šef slovenački, Korošec, još u januaru 1918, otvorenim pismom austrijskom ministru predsedniku, izjavio svoju krajnju odanost Habsburškom domu i državi. Uostalom, dovoljno je imati na umu poznatu Majsku Deklaraciju od 30. maja 1917, kada su jugoslovenski deputati u Bečkom parlamentu izjavili da „sve zemlje slovenačke, hrvatske i srpske u monarhiji, žele na osnovu hrvatskog državnog prava (!) i načela nacionalnosti, jednu samostalnu državu pod žezlom habsburške dinastije..." Slovenci rado pominju ovu Majsku Deklaraciju kao zaslužno jugoslovensko delo Korošca, i kako je 200.000 slovenačkih žena pismeno manifestovalo za tu deklaraciju. Međutim, ideja jugoslovenskog jedinstva, o kojoj se toliko govorilo, nije odista ništa dobila ovim ushićenjem za habsburško žezlo.

Hrvatski narod pokazivao je ovakvu vernost i mađarskim kraljevima i austrijskim carevima, naizmenično, i kako je kad trebalo. Hrvatska politika sastojala se kroz vekove iz jedne velike pravne parnice sa više vrlo nezgodnih parničara, raznih „pakta konventa", „jus municipalija", „pragmatičnih sankcija", „oktobarskih diploma", „februarskih dekreta" itd, za koje beogradske režimlije nisu imale nikad ni najmanjeg interesa. — Treba znati i hrvatski mentalitet, da se razume do koje je mere taj narod različan od srpskog naroda, kojeg nazivaju, zbog slovenske zajedničke rase, njegovim rođakom, a zbog zajedničkog jezika i bratom. Hrvati su u svojoj istoriji do sada pet puta otvorili širom svoja vrata pozivajući strance da zauzmu njihovu zemlju, da ih zaštite. Prvi put, kad su posle ubistva Zvonimirovog u Kninu, sami pozvali mađarskog kralja Ladislava II, da dođe i zauzme

Hrvatsku. Drugi put, kad su 1527. pozvali austrijskog cara Ferdinanda da Hrvatsku primi u svoju carevinu. Treći put, kad su sami predali sve prerogative svoga kraljevstva 1790. drugome, prenoseći ih na Mađarsku, što njihovi istoričari, kao Šišić, smatraju gubitkom hrvatskog državnog prava i nezavisnosti, znači formalnim prelaskom Hrvatske kao obične provincije u državu Mađarsku. Četvrti put, kad su tražili 1. decembra 1918, u Beogradu, da budu primljeni u jednu zajedničku državu sa Srbima. I najzad, peti put 1941, kada su pred Hitlerom i Musolinijem otvorili širom vrata na svojoj otadžbini Jugoslaviji, da ovi nesmetano uđu unutra.

Ali Hrvati nisu nikad prestali da ipak sanjaju o obnovi svoje nezavisnosti. Oni su toliko govorili o Velikoj Hrvatskoj da je ona porasla u imaginaciji tog naroda do veličine nekadašnjeg Rimskog Carstva ili današnje Velike Britanije. Oni su u XIX i XX veku dobili čak i ambicije da postanu stožerom svih Južnih Slovena u jednom kulturnom i političkom grupisanju oko Zagreba.

Odista, ova je Velika Hrvatska u jednom momentu bila i daleko od toga da izgleda samo kao prazan san.

Jedan veliki ideolog za tezu ujedinjenja Južnih Slovena, postao je najzad i jedan Habsburg, naime, herchercog Franja Ferdinand koji je poginuo u Sarajevu 1914. U to doba jedan engleski istoričar i publicist, Seti Vatson, bio je objavio svoje famozno delo na nemačkom jeziku, u kojem je obraćao pažnju austro-ugarskom Monarhu da ili reši federativno svoje pitanje državno, stavivši se na čelo Jugoslovena u monarhiji, ili će, u protivnom slučaju, Karađorđevići, koji su onda došli na presto, preduzeti ovakvo vođstvo u središtu balkanskih Slovena. Odista, sa južnim Slovenima u monarhiji Austro-Ugarskoj, bila je ovo za habsburškog cara jedna ideja sasvim izvodljiva. On je među svojim podanicima imao 3 miliona onamošnjih Srba, 3 miliona Hrvata, i najzad 2 miliona Slovenaca na Savi i Istriji. Znači, jedan snažni blok, koji bi, naslonjen zatim na severnije slovenske zemlje, Poljsku i Češku i Slovačku, postao čak glavnim temeljima takve jedne obnovljene feudalne države. Slovenski problem, rešen u habsburškoj monarhiji, privukao bi prirodno, mislili su mnogi, i okolne slovenske zemlje na Balkanu. Ovakvo rešenje predstavljao je, opet prirodno, plan jedne Velike Hrvatske, znači okupljanje Južnih Slovena oko Zagreba, a ne oko Beograda. Ovome je trebalo da posluži i aneksija Bosne i Hercegovine.

Za ovo je trebalo da posluži i teza o „liniji Zemun-Kotor", kao granici Istoka i Zapada. Sve što je istočno od te linije, pripada sferi balkanskih Slovena, a sve što je zapadno, pripada habsburškim Slovenima. Ova ideja koju zastupaju Hrvati, nije hrvatskog porekla, makar što je oni, po svom običaju, proturaju kao svoju. Ne samo da je ova stara teza austrijska, nego čak i vizantijska, upravo rimska, iz vremena podele carstva na istočno i zapadno. — Za ovu tezu je radio i dr Korošec, kako neki misle, ne iz nacionalnih slovenačkih razloga, ni iz ljubavi za Ljubljanu, nego kao klerikalac: on je znao da linija Zemun-Kotor nije samo linija između zapadnjaka i istočnjaka, nego i linija između katolika i pravoslavnih, zato bi takva linija, jednom konačno zasečena, značila ostaviti na zapadnom delu više katolika, nego na istočnom pravoslavnih. I Maček je zbog ovoga, dolazeći za vođu, govorio takođe da je Drina granica između Hrvata i Srba!

Za Hrvate je, nesumnjivo, bila glavna stvar da je „linija Zemun-Kotor", bila postala jednog momenta i idejom habsburškog carstva, što pokazuje da Hrvati nisu baš ni sasvim zidali na pesku, makar i ne misleći na sve posledice ove njihove grandomanije. Nadvojvoda Franja Ferdinand je u Zagrebu godine 1909. tražio u svom govoru, da Hrvati treba da još jednom ostanu verni, a da će, kada on dođe na presto, on ispraviti pogreške koje su Hrvatskoj počinjene. Ovo se najpre odnosilo na Mađare, koje nadvojvoda nije voleo, a zatim na Srbe u Hrvatskoj i Bosni, koje je on mrzeo zato što im je pripisivao irendentizam. — Zbog svih ovih izneverenih očekivanja, Hrvatska je na kraju 1918. osetila svoje istinsko pomrčanje: poginuo je bio nadvojvoda, koji je čekao da on postane Carem, da bi od Zagreba napravio treću prestonicu, glavni grad svojih 8 miliona južnih Slovena. I propala je nesrećnim ratom velika katolička habsburška monarhija, koja je bila postala njihovim izborom najbolja tvrđava njihove vere, sa još i tom opsesijom da su Hrvati sa banom Jelačićem spasli 1849. habsburški presto, i time dobili izvesna preimućstva među narodima u monarhiji. — A na mesto svega ovoga, došla je pobeda Srba, Srba koje je i sam biskup Štrosmajer 1884, nakon okupacije Bosne, nazvao glavnim neprijateljima Hrvata.

Bilo je fatalno ipak za te iste Srbe što njihovi beogradski političari, koji, iako su hteli da Hrvatskom vladaju kao diktatori i oslobodioci, nisu ni do poslednjeg trenutka znali pravo osećanje Hrvata na njihovom stupanju u zajedničku državu Jugoslaviju. Ne bi bar toliko govorili o oslobođenju!

Postojale su u jedno vreme, kao što se vidi, bar naizgled, sasvim ostvarljive takve iluzije o južnim Slovenima skoncentrisanim u habsburškoj monarhiji, u jednom obnovljenom feudalnom carstvu, u jednoj državi katoličke vere i rimskog prava. Ali se nije uzimalo u obzir kakvo bi bilo držanje Srba sa takvim samovoljnim izvršenjem njihove zavetne ideje, koja je već nekoliko decenija imala svoje žarište u Beogradu. Ni sam nadvojvoda Franja Ferdinand nije bio pozvan za ovakvo ostvarenje. Po duhu prek i nasilnik, i zbog takvog karaktera omražen i među samim Austrijancima, a još više među Mađarima, on bi taj svoj „trijalizam" ubrzo pretvorio u stari „bečki apsolutizam", još iz vremena Marije Terezije i Josifa II, ili u teror mladog Franje Josifa, kad se još ni tada nije prestajalo u Hrvatskoj sa bacanjem toga naroda iz germanizacije u mađarizaciju, i obratno, sve dok srpska vojska nije jednog dana zakucala na ta crna vrata.

Očekujući iz Beča na poklon ovakvu svoju gotovu Veliku Hrvatsku, nisu Hrvati ni krajem evropskog rata mogli sanjati o kakvoj drugoj državi, koja bi bila jugoslavenska sa prestonicom Beogradom. A, prema tome, nisu oni sanjali ni kako bi u takvoj novoj svojoj državi mogli sa svojom braćom zavesti i federativan sistem za njenu upravu i na opštu sreću. Federativni sistem sa Srbima i pravoslavcima, koje su već dva veka progonili, i preveravali, i klali! Hrvatska je u osnovi zemlja večitog srednjeg veka, sa sveštenstvom koje je ranije vekovima preziralo svoj narodni jezik, i sa plemstvom koje je oduvek bilo sastavljeno od stranaca i izelica. Hrvatska je još u doba Franje Josifa i sama govorila latinskim jezikom, makar on i bio više jezik iz molitvenika, nego iz Seneke. Zar je takva zemlja mogla nositi sobom na Balkan moderni princip federacije, ili uopšte kakve druge moderne ideje o državi?... Hrvatska se borila vekovima, a naročito od 1790. za autonomiju u monarhiji, što je ona uvek nazivala borbom za svoju nezavisnost, ali se ona nikad nije borila i u Jugoslaviji za autonomiju u njenom okviru, makar što je ona to ponekad isticala. Hrvatska se, naprotiv, ustezala da se bori za ma kakvu formu države i sistem uprave, koji bi od stanja u Jugoslaviji možda doveo do nekog ustaljenog života i normalnih prilika! Oni su se, što treba priznati, otvoreno borili za svoju nezavisnost, ali ovaj put ne samo za svoju autonomiju! Hrvati su stoga od početka do kraja radili na razorenju te države, kako bi sigurnije došli do priznanja svoje posebne individualnosti nacionalne, i, s tim u vezi, i logično, do svoje „posebne teritorije", o kojoj je toliko govorio i dr Vlatko Maček, „federalista".

II

BRAĆA SRBI I BRAĆA HRVATI

Od onog studenog decembarskog jutra kada su došli iz Zagreba u Beograd 23 delegata da proglase zajedničku državu sa braćom

Srbima, to su bili izaslanici Hrvatskog Narodnog Vijeća, pošto Hrvatski Sabor nije slao svoje delegate, a Stjepan Radić je bio u apsu. Do toga momenta Srbi i Hrvati nisu imali među sobom druge sporazume osim Krfske Deklaracije od 22. jula 1917, kojim se bilo utvrdilo jedino rešenje o zajedničkoj državi i zajedničkoj dinastiji, a bez tačnog pomena o budućoj formi Države. Nije još bilo govora ni o centralističkom ni o federalističkom sistemu buduće Jugoslavije, ali, kako je odmah primećeno, nije bila zatvorena mogućnost ni za jedno ni za drugo.

Međutim, Hrvati su već i za vreme rata pokušali da lagano odstupe od Krfske Deklaracije.

Ovo je bilo naročito očevidno kad je dr Ante Trumbić, šef Jugoslovenskog Odbora u Londonu, pokušao da zadobije Pašića i saveznike, kako bi taj Odbor, kojem je on predsednik, bio priznat kao pravni međunarodni faktor za pitanja koja se odnose na sve jugoslavenske zemlje u bivšoj Austro-Ugarskoj monarhiji. Nije bila ovom željom povređena Krfska Deklaracija u njenom formalnom delu, nego u njenom duhu, tj. u pogledu poverenja prema srpskoj vladi. Namera dr Trumbića bila je da Jugoslovenski Odbor predstavlja pred saveznicima neku posebnu vladu, ravnopravnu sa vladom Srbije, i da njenoj akciji predsedava on lično. Trumbić nije imao na umu da u jugoslovenskim zemljama austro-ugarske monarhije nisu samo Hrvati ni Slovenci, nego i Srbi, možda u istom broju; a Srbija koja je vodila rat najpre za oslobođenje Srba, nije mogla poveriti buduću sudbinu njihovu Trumbiću i njegovom Odboru, ljudima sasvim slučajnim. Ali je, u svakom slučaju, već i sam ovaj Trumbićev pokušaj pokazivao srpskim državnicima, naročito Pašiću i Protiću, da će sa idejom jedinstva ići mnogo teže nego što se to i pomišljalo prilikom zaključivanja na Krfu sporazuma o zajedničkoj državi.

Kada je već 2. novembra 1918. Austro-Ugarska vojna komanda tražila primirje, i isto odmah dobila, već je bio napravljen jedan prodor u zidu Habsburške monarhije. Čehoslovačka je bila bez krvi i borbe proglasila svoju nezavisnu republiku 28. oktobra 1918, a ta njena nezavisnost bila je odmah i priznata, zato što su se češke legije borile za oslobođenje, makar izvan granica svoje otadžbine; i što su češki političari već od početka najaktivnije i vrlo iskreno sarađivali sa saveznicima. Masarikova država će odista i na konferenciji mira imati među saveznicima izuzetan položaj sa ovim velikim čovekom, čak mnogo bolji nego i položaj mnogih drugih i zaslužnijih država.

Još pre od svega ovoga dvojega, car austrijski i kralj mađarski, Karlo, nije imao više nikakvih iluzija o ishodu rata, a na dan 16. oktobra 1918, objavio je bio Manifest narodima svoje države da će im on svima dati autonomiju: kada budu organizovane u nezavisne jedinice, kako bi zatim stupile u jednu buduću njegovu federativnu monarhiju. Ovaj cri de detresse dao je povoda njegovim narodima da se odmah obrazuju u posebne jedinice, pod naročitim privremenim upravama, a sa naročitim namerama. Ovaj Manifest je već jasno pokazao da je to bio kraj nekad najsilnije feudalne monarhije.

Pokrajine jugoslovenske obrazovale su i same takva svoja lokalna Narodna Veća po imenu samih pokrajina, i to u Ljubljani, Zagrebu, Splitu, Novom Sadu i Sarajevu, koji su se sporazumeli među sobom da u Zagrebu bude Vrhovno Narodno Vijeće (što se u Zagrebu protumačilo na sasvim bukvalan način). Zagrebačko pomenuto Vijeće upotrebilo je ovu priliku da malo dana posle toga objavi i svoju posebnu zagrebačku vladu, a sve druge pokrajine jugoslovenske proglasi delovima jedne Jugoslavije, čija će buduća prestonica da bude Zagreb, jedini centar „troimene braće" posle brodoloma njihove stare monarhije.

Treba znati da je već mnogo meseci ranije, 8. januara 1918, Vilson bio objavio 14 svojih tačaka o slobodi i samoopredeljenju, podjednako za pobedioce kao i za pobeđene, kako bi nova Evropa stavila kraj starim istorijskim grupisanjima, koja su bila dela starih nasilja, ratova, osvajanja. Član XI je glasio da će Srbija i Crna Gora dobiti natrag svoju nezavisnost zajedno sa izlaskom na more, a članom X izjavljeno je da će narodi u bivšoj Austro-Ugarskoj urediti svoju slobodu na principu samoopredeljenja i autonomija. Ovo je i Lojd Džordž potvrdio u parlamentu, svakako bez straha da će se ovim obećanjima o autonomijama koristiti car Karlo, ako bude pokušao kakvu obnovu svoje monarhije. A kako je poraz neprijatelja izgledao sve verovatniji, Vilsonova X tačka o slobodi i samoopredeljenju, dala je Hrvatima uverenje da ih ovo razrešuje od Krfske Deklaracije, ako se zato ukaže potreba. Za eventualno odricanje od Krfske Deklaracije bilo bi dovoljno baciti odgovornost na Trumbića i njegove drugove, koji nisu ni imali mandat samog hrvatskog naroda za takav sporazum.

Ovo slobodno raspolaganje svojom budućom sudbinom, blagodareći Vilsonovom principu o narodnostima, dala je Hrvatima uverenje da treba izvršiti jednu reviziju odnosa sa Srbima, koji su bili i dvostruko veći i stostruko slavniji, i da im se oduzme vodeća uloga u sudbini jugoslovenskih naroda u bivšoj Austro-Ugarskoj monarhiji. Dok Austro-Ugarska nije još bila do 2. novembra 1918. zatražila primirje, i dok se još hrvatski vojnici nalažahu na frontovima protiv saveznika, Hrvati su bili uzdržljiviji, ali je sa traženjem primirja, njihovo osećanje obaveza prema Srbima postalo mnogo nerazgovetnije. Istina, Hrvati nisu prekidali veze sa Srbima u pravcu svojih Krfskih zaključaka, ali je Vilsonova ideja skoro vratila pitanje hrvatske budućnosti na ono mesto na kojem se nalazilo i pre Krfa. U Ženevi je oktobra meseca iste godine osnovana Jugoslovenska Demokratska Liga, koja je donela izvesne zaključke ustavnog karaktera, i koja je zatim imala važnog učešća u daljim odnosima Srba sa njihovom dvojicom braće, naročito za vreme jedne konferencije koja je tada održana u Ženevi.

Da je Krfska Deklaracija imala jednu sumnjivu vrednost pri kraju rata, kao već i posle Vilsonovih tačaka, najbolje se videlo prilikom stvaranja Ženevske Deklaracije, koja je potpisana 8. novembra 1918, pokazujući jedan od najčudnijih slučajeva u istoriji srpskih dotadašnjih ugovora. Prema ovoj Ženevskoj Deklaraciji, srpska vlada zadržava za sebe i dalje kompetenciju za Srbiju, a Vrhovno Narodno Vijeće u Zagrebu postaje (kao što je ranije uzaludno tražio za sebe Trumbić sa Jugoslovenskim Odborom) vrhovni organ za jugoslovenske krajeve u bivšoj austro-ugarskoj monarhiji... Srpska vlada i Vrhovno Narodno Vijeće imenuju jednu delegaciju od 6 članova, koja je nazvana njihovim zajedničkim ministarstvom, i čije će sedište biti u Parizu, sa nadležnošću za vojsku i finansije, i da vodi posao oko budućeg narodnog ujedinjenja. — Začudo, ovu je Deklaraciju potpisao i predsednik srpske vlade Pašić, koji je na ovoj konferenciji bio prvi delegat svoga kabineta, zajedno sa dr Marinkovićem, Draškovićem i Trifkovićem, dok su zagrebačko Veliko Vijeće predstavljali naročito ovamo poslati delegati dr Korošec, dr Žerijav i dr Čingrija. Jer ma koliko da se zna da je Pašić ovu Deklaraciju potpisao sa zlovoljom, ostaje nepoznato kako je on uopšte tada potpisao ono što je ranije odrekao Trumbiću da uradi... Je li znao da ovakav sporazum mora pasti sam od sebe? Da li je mislio da ga neće prihvatiti njegova srpska vlada na Krfu? Ili je verovao da će tu Deklaraciju odbiti saveznici?

Odista, dogodilo se oboje. Srpska vlada na Krfu odbila je Ženevsku Deklaraciju, a francuski ministar Stefan Pišon je nije prihvatio, smatrajući je iznuđenim aktom. Iz solidarnosti sa svojom vladom, Pašić je zatim dao ostavku, da ga na povratku u Beograd na čelu novog kabineta zastupi njegov glavni prijatelj Stojan Protić. Izvesno, da ova Ženevska Deklaracija nije ovako bila odbijena na vreme, sve zasluge Srbije bile bi prenesene na Hrvatsku, koja je, međutim, ratovala sa sasvim drugim idealima i za sasvim drugi cilj. Što se tiče samog držanja Pašićevog u ovoj prilici, izgleda da je on, potpisujući Deklaraciju, ovako postupio zaobilazno i nedirektno, ali svesno i namerno, kao obično, da izvesne teškoće izbegne bez zapleta, bez uzaludnog sukoba, i bez daljih komplikacija.

Hrvatsko Narodno Vijeće nije se mnogo obaziralo šta misli i namerava srpska delegacija kod saveznika u Parizu, ni srpska vojska koja je bila na Solunskom frontu, ni srpska vlada koja se nalazila na Krfu. Hrvatska fara da se! Hrvati su do Ženevske Deklaracije postupali kao narod kojem pripada jedna velika vodeća uloga. Hrvati, ne dozvoljavaju da drugi raspolaže njihovom sudbinom, zato što su pobedioci, oni uzimaju na sebe i brigu onih koji su im bliski po njihovoj vernosti za Austriju i Mađarsku, pošto se i njihova deca bore uz Hrvate na istom frontu. Kao što napred pomenusmo, Hrvatska je stvorila u Zagrebu svoju nacionalnu vladu i svoju zagrebačku Jugoslaviju. I to po njenom mišljenju, sa istim pravom sa kojim bi to sutra uradila i Srbija u Beogradu. Dolazeći u Beograd 1. decembra 1918, Hrvati su stoga došli s uverenjem, da kao što Srbi imaju Srbiju, i Zagreb ima svoju Jugoslaviju, koju je bar proklamovao!... I da stoga, govore kao ravan prema ravnom.

Prva nota te zagrebačke jugoslovenske vlade upućena je bila srpskoj vladi da srpske trupe ne prelaze Savu i Dunav, a zatim je traženo od saveznika priznanje za ovu zagrebačku Jugoslaviju, sa njenom prestonicom u Zagrebu. Hrvatsko Narodno Vijeće nije smatralo kao smetnju što su i saveznici i srpska vlada hladno prihvatili ove glasove iz Zagreba. U haosu koji je bio zavladao na svršetku rata, bilo je slobodno bar sve pokušati... Zagrebačko Vijeće bilo je naredilo i mobilizaciju. Početa je u zemlji i organizacija nove zagrebačke države. Ali se na mobilizaciju nije niko odazvao, a u zemlji je nastupila anarhija, krajnja nesigurnost i pljačka, sa pojačanim zelenim kadrovima i boljševističkom propagandom. U vrhovima zagrebačke države nastupilo je bezglavlje i rasulo. Postojao je strah da pobeđena soldateska u povlačenju, ne napravi nasilja po zemlji, i ne izazove revoluciju.

Prečani Srbi iz Novog Sada zatražiše da Beograd pošalje zaštitu, a u Bosnu je već bio prodro Vojvoda Stepanović sa svojim trupama i uspostavio red. Sarajevo je bilo zauzeto 6. novembra, Kotor 8, Dubrovnik 14, Split 18. Istina, komandant hrvatski u Senju molio je talijansku komandu da njegov garnizon zaštiti od srpske vojske.

Ali je pretila opasnost da Italija, izvršavajući samovoljno zaključke Londonskog Ugovora od 1915, ne zauzme sve što bude htela. Narodno Vijeće iz Splita zatraži brzo od Vrhovnog Hrvatskog Narodnog Vijeća u Zagrebu da hitno izvrši zaključke Krfske Deklaracije, i da zamoli da srpska vojska zaštiti hrvatski narod. Pred ovakvim prilikama, zagrebačko Vijeće nije imalo šta očekivati. Tako je došla u Beograd, 1. decembra 1918, delegacija Vrhovnog Narodnog Vijeća iz Zagreba od 23 člana, da proglase zajedničku državu i zajedničku dinastiju za Srbe, Hrvate i Slovence, „troimenu braću”.

Srbi nisu ništa znali o braći Hrvatima, a braća Hrvati su o Srbima znali samo ono što je najgore, i čemu ih je celog života učila bečka i peštanska štampa. Narodne mase u Srbiji znale su o Hrvatima ipak više nego inteligencija na svom povratku iz Evrope, gde se u izgnanstvu namučila, ali i naročito raskalašila. Narod je upoznao Hrvate za vreme trogodišnje austrijske okupacije u Srbiji, gde su se pokazali odvratni, gori i od Madžara. Hrvati su opet zapamtili narodne mase u Srbiji kao nedovoljno evropejske, i prema njima neprijateljske. Stoga svaki srpski heroj koji je ovih dana prolazio beogradskim ulicama, još pocepanog odela, izazivao je među Hrvatima ili aversiju ili sažaljenje.

Uopšte, može se pouzdano reći da Hrvati nisu poznavali crnjeg dana nego što je bio taj 1. decembar 1918, odveć torženstven da bi im izgledao i iskren.

Hrvati su se ozbiljno plašili srpske radničke klase, koja je i ovaj put izišla iz 3 rata i sa 3 slavne pobede. Zbog ove zemlje je, i na srpskom pitanju, propala Habsburška monarhija i bila zbrisana sa evropske karte. Svako se pitao na čemu odista mogu da se intimno sretnu Srbi i Hrvati, koji su se, kao što rekosmo, ili malo poznavali ili zlo poznavali. Pokojni Frano Supilo, neškolovan ali sposoban političar (umro u emigraciji), strepio je da se hrvatski narod, slab i u večnom strahu od života, brzo ne razočara (Neprijatelji Hrvatske bili su Mlečani koji su hteli njihove šume, Vizantinci njihove gradove, Madžari njihove zemlje, ali Hrvati ni jednog od ovih neprijatelja nisu pobedili. Beč i Pešta radili su od toga naroda šta su hteli). Supilo je pisao: „Srbi i Hrvati su jedno isto u izvesnom pogledu (!), ali u drugom pogledu nisu. Hrvati imaju svoju sopstvenu narodnu ideologiju, i biće golema greška ako Srbi ne budu o tome vodili računa, i ako budu počeli brzu i prinudnu asimilaciju".

Odista, Srbi nisu dovoljno vodili računa o ovom strahovanju Frana Supila. Ali nisu nikad ni pomišljali na kakvu asimilaciju, ni brzu ni prinudnu. Oni nisu za 200 godina pokušali ni da asimiluju svoje Rumune po Homolju i Krajini, ni Arnaute koje je Srbija posle ratova 1876-78 proterala preko granice. Oni neće nikome nametnuti ni svoje pravoslavlje, ni svoje srpstvo, jer odista nisu za to sposobni. Oni nisu ni svoj srpski jezik uspeli nikomu drugom da nametnu osim Hrvatima.

Osećanje koje su Hrvati imali posle ujedinjenja sa Srbima, to je da su napravili rđav račun, da su prevareni i zavedeni. Oni su javno i svakom prilikom tvrdili da im je Jugoslavija balkanski podvaljena. Na najmanju teškoću na koju su nailazili sa Srbijancima, oni su smatrali da ulaze u neizvesnu perspektivu, i čak da idu na raspuće: u novoj državi sa 7 raznih zakonodavstava, na čelu sa Srbijom koja još nije imala ni svog katastra! A kako su uvek mutne prilike kao i mutne reke, koje iznesu sav šljam na površinu, izbili su i u Beogradu i u Zagrebu, ličnosti koje su lovile u mutnoj vodi. One su puno doprinele da se stvori u zemlji moralni poremećaj. Za prvih 10 godina, i svi su stranci preko Zagreba rovašili u onoj nesrećnoj zemlji svojim propagandama: Austrija, Nemačka, oba Rima, Madžarska i Bugarska. Svi protiv Beograda! I svi složno sa Hrvatima.

Dodajte ovome da su delegati imali prvi utisak o budućoj prestonici ne može biti nepovoljniji. U beogradskom nebu vihorila se pobedilačka zastava na Kraljevom Dvoru, ali je Beograd bio sav izrovan od bomba koje su ga osule. Po ulicama je ležala varvarska turska kaldrma od krupnog kamenja, ili teklo predačko blato. Ovo oboje je indigniralo Hrvate, koji su i videli samo ono što je bilo najgore. Njihov Zagreb nije primio ni jednu bombu za vreme rata: i taj grad je bio glavno mesto snabdevanja vojske jedne velike sile, a to ga je toliko obogatilo da je za vreme samog rata, u kojem su ginuli i ljudi i gradovi, Zagreb izvršavao svoje urbanističke radove, dizao nove palate i parkove. Hrvatski delegati su davali sebi izgled u tom razorenom i oskudnom Beogradu kao kakvi učeni eksploatatori zarobljeni u kakvom afričkom urođeničkom taboru u džungli... Srbi Beogradski, jednim velikim delom obrazovani na dalekom zapadu i naročito u Parizu, nalazili su i Zagrepčane odveć provincijalcima i koji ne znaju da govore srpski... Srbi političari među onih 23 delegata iz Zagreba, bili su jedini očarani (Pribićević i drugovi). Oni su sebi pripisivali lavovski deo u ostvarenju ove velike zajedničke kuće. Oni su, odista, već od 1905, od Bečke Rezolucije, bili dobili iskreno verovanje da je sa Hrvatima mogućan zajednički rad; i oni su ostvarili Srpsko-Hrvatsku Koaliciju posle toga da satru Starčevićanstvo i unište Frankovštinu; da onemoguće Josifa Franka sa kojim je još ban baron Rauh bio u intimnim vezama kao sa najenergičnijom strankom (koja je imala svoje legije i čete za razbijanje srpskih domova i dućana, i proganjanja Srba). Uklanjanje onog Rauha, koji je pravio veleizdajnički proces Srba, bila je neosporna zasluga tako ujedinjenih Srba i Hrvata.

Ali još su živele uspomene u pameti ovih Srba o teških 20 godina banovanja Kuena Hedervarija. Srbi iz koalicije bili su sad, sa uvek nesigurnom situacijom u monarhiji, srećni da svoju sudbinu najzad vežu za Beograd. Pribićević, koji nam je, nažalost ostavio, i nekoliko svojih dobrih učenika za današnju žalosnu situaciju Srpstva, pripisivao je sebi lično istorijske zasluge za ostvarenje nove države. On će odista postati za nekoliko godina i glavni ekspert za poznavanje ljudi i stvari u Hrvatskoj; i on će puno nasilja uraditi i s jedne i s druge strane Save i Dunava: da među Hrvatima izazove najveće neprijateljstvo prema Srbima među koje ih je bio doveo. Srbi sa svoje strane takođe će posle desetinu godina dočekati vreme da Pribićević priđe Radiću kojeg je ranije zatvarao, i da zatim postane Hrvatima ekspert za Beograd, i zajedno s njima, ucenjuje nove neprijatelje. Za vreme dok se ministar policije Pribićević borio protiv hrvatske nasrtljivosti na Beograd, njegova deviza je bila: „Dok je Like, nema republike”. A kad je zatim, nakon 10 godina, napravio koaliciju sa Radićem protiv Beograda, njegova je deviza bila: „Republika, celom svetu dika”.

Mi ne govorimo ovde o lojalnosti i nelojalnosti Hrvata prema zaključcima Krfskog pakta, kako bi izgledalo iz ovoga što smo naveli. Mi danas jedino iz istorijskih razloga navodimo izvesna fakta koje je trebalo uvek imati na umu. Ne bi se moglo ni zameriti jednom narodu izvesno odstupanje i od obaveza sasvim formalnih koje je on u izvesnom momentu na sebe uzeo, naročito kad je to radila jedna grupa ljudi koja nije ni imala direktan mandat naroda da zaključuje ovakve sporazume. Naprotiv, mi ovde naročito želimo pokazati sa kako se malo oduševljenja, i sa koliko puno zlovolje od strane Hrvata, kao i sa koliko nepoznavanja njihove psihe od strane Srba, ušlo u izgrađivanje one države, koja će za 23 godine pokazati najžalosniju sliku svog moralnog života.

III

ISTORIJSKA GRANDOMANIJA HRVATA

Istorijsko osećanje koje jedan narod ima o svojoj prošlosti, spada ne samo u prve duhovne fakte, nego i u prve probleme političke. Hrvati u ovom pogledu, imaju jednu istorijsku grandomaniju koju su kod njih zaveli u zadnje vreme i Crkva u službi dvostrukog Rima, i sitna kafanska politika, koja se zatim digla do zatrovanog verbalizma, i do podništavanja sviju istorijskih istina. Ova hipertrofija ličnosti savremenog Hrvata, donela je i mnoge nesreće tom samom narodu i onima koji su imali s njim dodira. Ovo će, za našu neizmernu nesreću srpsku, biti onaj sprud na koji će se i naš nedužni Srpski brod nasukati u jednom od svojih najvećih i najsudbonosnijih istorijskih momenata.

Istorija Hrvata, međutim, trajala je dosta plašljivo i uvek nesigurno, do XI veka, sa kraljevima o kojima se malo zna izvan Zagreba, a koji su izvesno mučenički vladali onako bačeni na tu periferiju. O njima je teško danas nešto i znati, odvajajući istoriju od legende. Bugari su uvek protiv nas ratovali sa lažnim statistikama, a Hrvati ratuju lažnim istorijskim faktima. Nemoguće je zato danas u Zagrebu ikoga uveriti da mala država Hrvatska, koja je iznosila jedva koliko jedan Srbijanski okrug, nije držala i u svojim okovima Bosnu, i da pred njom nije klečala Hercegovina uvek na kolenima. Tako se dogodilo da ne samo na mitinzima i na pijankama, nego su Hrvati posejali ovakve bajke i po svima istorijskim delima, a čak to preneli i na kamene ploče posejane „u slavu kralja Tomislava" po našoj čisto srpskoj obali od Stona do Kotora, što u naučnom pogledu izgleda dosta stupidno, pošto ti krajevi nemaju nikakve veze sa hrvatskom istorijom, a u pogledu političkom, sasvim smešno i izazivačko.

Mala srednjevekovna hrvatska državica bila je zemlja čiji se opseg ne može istorijski dokazati, u njenom stalnom menjanju opsega.

Svakako, na toj škrtoj i neplodnoj obali, nije u njoj moglo biti puno berićeta. Sama prestonica njena se, bez preciziranja, nalazila negde u okolini Splita. Gradovi su još i za Vizantijskog vladanja pa sve do vladanja Mletačkog, morali biti samo mesta za daleke vizantijske garnizone. Narod te države, i da je bio hrabar koliko i drugi narodi na svetu, nije mogao imati slavan život, opkoljen neprijateljima neizmerno jačim, kao Vizantinci, Mlečići i Mađaroni. Vladari su morali biti skromni, kad se zna i da su te vladare ponekad plaćali splitski biskupi, a ne oni splitske biskupe. Za Tomislava se zna da je postao prvim kraljem svoje države za neke zasluge učinjene Vizantiji. Za Krešimira se zna da se proglasio kraljem kad je prisvojio gradove Split, Trogir i Zadar, na puškomet jedan od drugoga! Za Zvonimira se zna da je, krunišući se, uzeo obavezu da šalje godišnje Papi kukavni danak od 200 dukata... Međutim, po svim mešovitim školama u našoj zemlji hrvatski udžbenici i predavanja bacala su u tamni zasenak istoriju moćnih srpskih kraljeva i careva koji su u nekoliko mahova vladali najjačom državom na istoku. Ovakva grandomanija Hrvata, vaspitanih u takvim školama, puno je mutila pamet i hrvatskih političara, koji su sa naročitom nabusitošću s nama govorili. Oni su sa takvom nabusitošću razgovarali i sa Madžarima, koji su ih pre osam vekova pokorili, a koji tada od stare slave nisu Hrvatima ostavili u rukama drugo nego jedno parče hartije; i koji su se, kao što smo videli prema Hrvatskoj odnosili oduvek kao prema jednoj svojoj zakonitoj provinciji.

Ovu svoju istorijsku megalomaniju Hrvati su već prvih dana doneli u naš epski i vojnički Beograd. Srbijanci nisu, što je odista vrlo žalosno, ni razumeli koliko u hrvatskom optuživanju ima nečega njihovog starovremenskog, teatralnog, šarolikog, uobičajenog, kao na nekom suđenju gde ima puno lažnih dokumenata, varljivih hartija, i lažnih svedoka. Posle propasti na Gvozdu 1102. godine, Hrvati su sa Mađarskom vodili stalno samo parnice za svoja istorijska prava, i izoštrili se kao parničari. Svaki istorijski proces, bio je onamo kao proces sudski, a ne pitanje savesti i kriza ideala... U okviru mađarskom od XI veka, i austrijskom od XVI veka, u borbama sa centralizmom jednih i drugih, Hrvati se nikad nisu borili kao vojnici, nego kao sudske stranke. A kako su se tako borili kroz osam vekova, oni su sa takvim navikama i načinima pre 23 godine došli da takvo bojište prenesu i u Jugoslaviju. Bilo je stoga pogrešno što su naši političari prvih godina kad su još bili predstavnici svoga naroda, i u punoj snazi, hrvatske optužbe uzeli kao stvar principa, više nego kao stvar stare vekovne navike.

Ali je pitanje pravne svesti kod Hrvata ostalo zagonetnim na svagda za Srbe državotvorce i pravoshadno velike vojnike. Hrvati su više cenili svoje Hrvatsko Državno Pravo, nego i samu svoju hrvatsku državu. Oni su znali da svima nama drugim još i mogu stari hrvatski vladari izgledati hrabrim i zaslužnim, ali se ta lica iz daleke istorije pojavljuju maglovita, kao neki mitološki kraljevi, kao neke krunisane glave iz kakvog malog slovenskog Nibelunga. Nakon ulaženja Hrvatske u Kraljevinu Arpadovića, Anžuvinaca i Habsburgovaca, Hrvati su kao narod postali skoro nevidljivi. Može se uzeti kao sigurno što na jednom mestu piše sam dr Frano Rački: „Od propasti hrvatskog poslednjeg kralja Petra II Svačića na Gvozdu, 1102. godine, sve što je dalje Hrvatska uradila, uradila je pod firmom Mađara". Odista, ko bi ovo rekao prema onom kako su se oni ponašali prema nama!

Za vreme takozvanih nezavisnih hrvatskih kraljeva vodila se u severnoj Dalmaciji postojana borba između Vizantije, Venecijanaca i Mađara! Ne vidimo kad je ova Dalmacija bila bez vlasti jednog od ovih triju? I kad su to slobodno vladali nezavisni hrvatski kraljevi? Tomislav je uzeo počasnu titulu kralja (925) ali je bio samo „prokonsul" guvernator vizantijski; a Držislav je dobio (988) to isto pravo, ali je bio „eparh" i „patricije" vizantijski. A ovo je ipak malo drukče nego nezavisnost srpskih vladara! — Venecija je prvi put zavladala Dalmacijom 9. maja 1000. godine, kada je dužd Orseolo II došao „svečano dočekan", da primi u Trogiru zakletvu naroda njegovoj republici... Kad su Normani napali Dalmaciju i zavladali gradovima (odvedovši kralja Slavca u ropstvo), njih su odande oterali opet Mlečići... I kad su najzad Hrvati svoju državu dali mađarskom kralju Ladislavu II i Kolomanu, već Vizantiji cara Aleksija uspeva da pre drugih onamo vaspostavi opet svoju vlast... (1901). Posle poznate pogibije kralja Petra Svačića, pravi se i sporazum, opet jedino između Mlečića i Mađara: duždu Dalmacija, a mađarskom kralju Hrvatska!... Hrvati naročito govore kao o nekom narodnom prazniku što se mađarski kralj Koloman tada krunisao u Biogradu na moru, „sporazumno sa 12 hrvatskih župana", kao da se u Kruševcu krunisao Nemanjića krunom car Murat, sporazumno sa okružnim načelnicima... Dalmaciju je najzad dobio od Vizantije na poklon taj mađarski kralj zato što je bio rođak tog Arpadovića, uz nevoljno pristajanje Venecije (1107. godine). Posle ovog će na tom delu Jadrana biti stalni dvoboj opet samo između mađarskog kralja i mletačkog dužda... Hrvati su zvali mađarskog kralja hrvatskim, samo zato što je obnavljao „privilegije gradovima", a ne hrvatskoj državi. U ovom je proteklo osam vekova mađarske vlasti nad ovim slovenskim narodom očevidno bez ikakvog sjaja (mi ovo navodimo po Račkom, Klajiću, Smičiklasu, I. Modestinu itd.).

Vrlo je interesantan slučaj kako je došlo da bosanski kralj Tvrtko I zauzme Split i postane „Kralj Serbljem, Bosni i Primorja". Svakako, ne voljom Hrvata, koji nikad nisu imali dobrih odnosa sa Bosnom u kojoj je vladala jedna pravoslavna jeres (bogumili), sa naslonom na Carigrad kao i Srbi, i sa ćirilicom. Tvrtko je bio osvojio Klis (1388), a bosanske čete su pustošile i okolinu Splita. U ovu nobilissimam et validam urbem, quaetotius Dalitiae metropolis constat, ušla je panika. Split je potražio u više navrata pomoć mađarskog kralja Sigismunda, svog pokrovitelja i vladara, ali kako se ovaj nije nikako odzivao na ovaj vapaj, valentem urbem se reši da se (opet svojevoljno), pokori bosanskom kralju Tvrtku!... Godine 1390, 12. juna, dođoše iz Splita poslanici u bosansku prestonicu Sutjesku, da sami bez borbe predadu svoju zemlju Tvrtku I. Ovaj je Splitu „povratio privilegije" svih ranijih vladara, a kao vladar pravoslavni (v. prof. V. Glušac), primio u zaštitu i splitsku nadbiskupiju... I tim je ovaj strani vladar zavladao primorskom Hrvatskom.

Zaista, čudan patriotizam!

Ovako je išlo sa ovom slabom slovenskom državicom za njena prva tri veka. Za ostalih osam vekova pod mađarskim gospodarstvom, išlo je kao i pod svakim drugim ropstvom. Od početka pa do kraja, sukobi i pokornosti trima velikim protivničkim imperijalističkim državama: Vizantiji, Veneciji i Mađarskoj, koje su onamo imale svoju sopstvenu vlast i zakone. Borbe oružjem su donekle postojale u toj državici samo između Omiša, Splita, Trogira, Zvonigrada, Zadra itd, kao u kakvoj idili. Samo u istorijskoj svojoj grandomaniji Hrvati govore o nezavisnosti, bojevima, epopeji. Ova grandomanija je, i pored svega toga, onemogućila u tom narodu kretanje njihove docnije političke misli u jednom normalnom zakonu o proporcijama. To se osvetilo najviše u Jugoslaviji. A ovo idemo da vidimo, kako bismo jasno odmerili sve razloge što ta mlada i velika država nije počivala na svojim pouzdanim osnovama. Hrvati su po svom duhu fantasti, i stoga opasni i za sebe i za druge. Oni su o slobodi, nezavisnosti, i nacionalnom dostojanstvu, imali oduvek sasvim drukču ideju nego Srbi. U srednjem veku su se najbolje odmerile razne države šta su i kolike su: i po svom kulturnom talentu i smislu, i po svom državnom zamahu. To je bilo doba mladosti kad je svaki narod sebe pokazao. U srednjem veku su se odmerili i Srbi i Hrvati.

Hrvati su nekad krunisali, kao svog kralja, mađarskog kralja Kolomana, a zatim proglasili za svoga cara austrijskog cara Ferdinanda, i zatim priznali pragmatičnu sankciju kao pristanak i na žensku lozu Habsburgovaca, sve zato da im se prizna, kao jedini uslov, pergament za njihovo Hrvatsko Državno Pravo, a ne da sačuvaju među narodima svoj integritet nacionalni i državni, tačno obeležen takvim dokumentom! Ako su se Hrvati u Jugoslaviji sa toliko upornosti borili za svoj „nacionalni individualitet", i zatim za svoju „posebnu teritoriju", to je zato što im to nisu pređašnji gospodari u monarhiji nikad ni tačno obeležili, ni otvoreno priznali. Sa njihovim nepoznavanjem srpske psihologije, Hrvati nikad nisu hteli razumeti da Srpstvo odista nije nameravalo ove istorijske postupke stranaca primiti za svoj način. Vremenom je i bez svih zločina i poroka koje su Hrvati uneli u naš život za ove dve decenije, Hrvatska mogla, bez ikakve povrede srpskog individualiteta i srpske posebne teritorije, prvi put postići ono što je vekovima uzaludno molila od stranaca. Ovo su možda znali u dnu svoje savesti i sami hrvatski političari: ali Hrvatska nije želela da u Beogradu postigne za sebe istorijsku pravdu, nego da na ruševinama u Beogradu postigne sama svoju nacionalnost i teritoriju na štetu Srba. U tome se sastojala sva ona bukačka politika koja je zaglušila i Srbe i ceo svet hrvatskom neverovatnom borbom među nama.

Hrvati imaju naviku da prisvajaju ono što je tuđe, u jednoj kleptomaniji koja se nigde drugde nije videla. Vizantijski istoričar Porfirogenit piše da su Srbi i Hrvati dolazeći na Jug, naselili Dalmaciju, i to Hrvati od reke Cetine na sever do reke Raše (Arse) u Istri. Oni su tu svoju Zemlju prozvali Bela Hrvatska. A Srbi su uzeli i naselili sve na jug od reke Cetine do reke Bojane. Ali i pored ovoga što piše Porfirogenit, a što je pisao i istoričar Lucić iz Trogira još u XVII veku, i tu zemlju su Hrvati prozvali Hrvatskom, i to Crvenom Hrvatskom! Ovo oni i danas uče po svim školama i po svima crkvama. Trebalo je da njihov najveći istoričar profesor Ferdo Šišić, pre nekoliko godina, u svom vrlo učenom delu „Komentari popa Dukljanina" dokaže da se netačno pripisuje starom popu Dukljaninu iz XI veka da je on u svom letopisu tvrdio o postojanju ikakve Crvene Hrvatske na drugoj polovini jadranske obale, nego da su tu Crvenu Hrvatsku u njegov letopis docnije lažno proturili kaluđeri dalmatinskih katoličkih manastira. — Međutim, na bazi ove Crvene Hrvatske, i malo učeni hrvatski političar dr Maček traži za sebe i Crvenu Hrvatsku od Cetine do Bojane.

Hrvatske škola i crkva, univerziteti i akademija, uče bez zazora svoje „dečke" da su Hrvati bili najveći vojnici Hrišćanstva, opasne ubojice, ljute megdandžije. Oni svakom prilikom ističu da su za svoje ratne zasluge oko 1510. dobili od Pape titulu antemurale christianitatis. Međutim, ovakvu titulu nisu iz Rima dobili Srbi koji su 1372. sa svojom hrišćanskom vojskom izišli do na reku Maricu da zaustave provalu Azijata u Evropu, i gde je izginula i sva ta hrišćanska vojska na čelu sa svojim kraljem, koji je ratovao sa krstom i mačem; kao što su na Kosovu 1389. izgubili i svu vojsku i svoga vladara pobožnog Kneza Lazara.

Još za Srbe, i kojekako! Ali je i Mađarska, bar zemlja katolička po prevashodstvu, vodila tri ogromna rata za Hrišćanstvo: kod Nikopolja pod Janošom Hunadijem 1444, zatim kod Varne gde su izgubili svoga kralja, i kod Mohača 1526. gde su u borbi sa Turcima izgubili i svoju vojsku, i svoju nezavisnost državnu, i svog poslednjeg kralja... Ali je zato titulu antemurale christianitatis dao Papa Hrvatima, koji nisu od vremena Gvozda nikad ni imali nezavisnu vojsku, i čija je vojska imala prema istom Hrvatskom Državnom Pravu kao komandanta jednog „kapetana". Bitka na Udbini Hrvata i Turaka, pod banom Derenčinom, imala je svega 13.000 hrišćanskih vojnika, a i oni su bili potučeni; a zatim Zrinski je imao kod Sigeta svega 2.500 vojnika, koji su bili potučeni. Ali Hrvati pišu da je Sultan Sulejman Veličanstveni umro na prečac što njegova vojska nije zauzela Siget u jednom jurišu, a da zamalo nije od istog očajanja umro i veliki vezir

Mehmed paša Sokolović koji je sultana tešio! Hrvatska pobeda kod Siska (u XVI v.) bila je nad bosanskom vojskom i jednim bosanskim pašom, znači malom vojskom. U Turskoj istoriji se ove bitke uopšte i ne beleže.

Hrvati se razmeću da Hrvatska nije nikada kao Srbija, Bugarska ili Grčka bila od Turaka pokorena. Međutim, zna se da je Smederevo palo 1459, i da su Brankovići i drugi despoti srpski još 200 godina posle Kosova vladali Sremom i Slavonijom, a kad su Turci došli prema Hrvatskoj, Hrvatska je već bila priznala za sebe austrijskog cara, da bude zaštićena... Što se tiče provale Turaka sa zapada iz Bosne, ona je počela odmah posle propasti Bosanske kraljevine 1463, osvajanjem Krbave i Like koje su ostale pod Turcima punih 190 godina... I to u svojim čardacima i haremima po Udbini i po Ogulinu, gde bi i do danas ostali, da nije Liku i Krbavu oslobodio srpski serdar Stojan Janković, čiju palatu i danas pokazuju sa patricijskim grbom u Zadru; oslobodio sa srpskim vojvodom Ilijom Smiljanićem, na čelu hrabrih srpskih uskoka koje je onda u Ravnim Kotarima pomagala Mletačka Republika iz svojih razloga. — Srpska uskočka vojska je u nekoliko bitaka razbila Turke i popalila njihove čardake. O ovom pevaju i divne pesme u srpskom uskočkom eposu, koje je ispevao taj guslarski deo srpskog naroda. Čak i ove uskočke pesme pod redakcijom dr Nikole Andrića, štampala je kao svoju IX godišnju knjigu početkom 1941. slavna Matica Hrvatska, koju, međutim, niko nije udario po prstima za ovakve prostačke plagijate. Za kulturne Srbe, uzimanje trećeg njihovog eposa, Uskočkog, to je kao da su Hrvati uzeli celu jednu srpsku provinciju.

Takva kleptomanija ide i dotle da svakom oduzima njegove prave zasluge. Hrvati pišu i sto puta ponavljaju da je Bonaparta kod njegove pobede na Arkolu begao pred hrvatskim graničarima! Zatim Hrvati iznose u svojim knjigama, čak i u pridikama hrvatskog popa u Americi, da je car Napoleon kazao (ovo se odnosi na oficira Dragića,

Srbina, koji je doneo njegov prtljag u Pariz posle poraza u Rusiji), kako su „Hrvati" kod Smolenska 1812. pokazali da su prvi vojnici na svetu, i da bi s takvih 100.000 vojnika, on zauzeo ceo svet! Međutim, oni se prave da ne znaju da je s Napoleonom, čija je onda bila i Lika i Krbava, otišla na Rusiju samo jedna jedina skrpljena regimenta iz Like i Krbave, i to, po hrvatskoj statistici onog vremena, većinom Srbi Ličani i Kordunaši. Tako isto Hrvati pišu da su oni odneli pobedu kod Kustoce u Italiji, 1858. godine.

Ova istorijska činjenica spada u političku psihologiju Hrvata koja srpskim političarima nije smela biti nepoznata. Pođite ovim koncem, i vi ćete dalje naići na sve neverovatnije pojave.

Poznati istoričar, zagrebački profesor dr Rudolf Horvat, pišući o istoriji Hrvata, navodi u jednom besprimernom spisku hrvatskih vladalaca od prvog njihovog nezavisnog bana Borne, 819, do poslednjeg vladara, našeg savremenika, cara Karla habsburškog, 1918, jednu neizmernu listu onih koji su vladali i upravljali Hrvatskom, svakog po imenu i dobu vladanja. Na toj listi ima više njih „banus", „rex", i „interex croatorum", da njoj ne bi odgovarao ni spisak imena ukupno svih ostalih vladalaca sviju evropskih dinastija, od onog vremena do današnjeg! Evo da navedemo ovo neverovatno istorijsko otkriće ovoga profesora i patriote, inače pisca ozbiljnih istorijskih dela.

Od bana Borne, 819, do bana Tomislava, 914, koji će postati i prvim hrvatskim kraljem 925, ima samostalnih gospodara svoje države DESET banova. — Zatim kralj Vojnomir otvara listu i „Posavskih kraljeva" kojih opet ima na broju njih PET. — Zatim dolazi lista pod natpisom „Banovi za vladanja kraljeva hrvatske krvi" (jer dok su hrvatski kraljevi kraljevali, njihovi potčinjeni banovi su banovali, što znači upravljali sudstvom, vojskom i administracijom, sa vladarom zajedno). — Ali posle propasti na Gvozdu, dolaze madžarski vladari koji su Hrvatsku pokorili, prisvajajući kraljevsku njenu titulu, i krunišući se i sami u Biogradu na moru, od Arpadovića do propasti Hrvata na Gvozdu (znači od 1102. do izumiranja Arpadovića, znači do 1301), ima hrvatskih banova TRIDESET I DEVET (Ove madžarske kraljeve Hrvati u svojim istorijama nazivlju „hrvatsko-madžarski kraljevi"! A njihovu krunu „madžarsko-hrvatska kruna Svetog Stjepana"!). Zatim ide novi spisak „Banovi čitave Slavonije" (od Dionisija 1242, do Stjepana Babonića 1299), i ređaju se imena njih SEDAMNAEST banova (znajte, tu se podrazumeva Slavonija, ili pod papskim imenom Esklavonia, od Drave do Save i od Dunava do Une, a ne istočna zemlja Slavonija današnja, koja je Hrvatima bila udaljena). Posle ovoga dolazi lista imena i datuma pod imenom „Banovi Primorja, kasnije zvani banovi Hrvatske i Slavonije" (od 1243-1312, od onoga Stjepana Babonića do Pavla Šubića 1278), njih na broju PET banova. — Ali i posle ovoga dolazi lista „Banovi za vreme hrvatskih kraljeva iz dinastije Anžujske" (što znači onih vladalaca, koji su zamenili Arpadoviće na prestolu Madžarske). Ovih banova ima na broju ŠESNAEST (uvek svi pod imenima i sa hronologijom, od Henrika Gizinga 1301. do Stjepana Banića 1387). Posle ovog dolazi lista sa naslovom „Posebni banovi Hrvatske i Dalmacije" (od Pavla Šubića 1274. do Ladislava Lackovića 1387), opet njih po broju TRINAEST. — Za njima dolaze banovi sa ovim natpisom: „Banovi za hrvatskih kraljeva raznih dinastija" (od 1387-1527). — Ali ni ovo nije sve. Odavde sleduju banovi pod natpisom: „Banovi čitave Slavonije" njih ČETRDESET I SEDAM (od Ladislava Lučenca 1387. do Franje Baćana 1525). Ovome se pridružuje i nova lista pod natpisom „Posebni banovi Hrvatske i Slavonije" (od 1387. do 1476), od Dionisija od Lučenca do Damjana Horvata, njih SEDAMNAEST. — Sad dolazi lista, odista interesantna, sa natpisom „Banovi za hrvatskih kraljeva... iz dinastije Habsburga" (od 1526. do 1921), sve po redu i imenu i datumu, od Krste Frankopana 1526. do našeg savremenika dr

Tomislava Tomljenovića, 1921, njih ništa manje nego PEDESET I ČETIRI. — Najzad nisu zaboravljeni ni velmože pod natpisom „Banski zamenici" (koji su banovali u očekivanju da pravi ban bude postavljen) od biskupa Keglevića 1537, čak do biskupa dr Teodora Bošnjaka (1920, kao i visoka lica npr. grof Erdeli 1670, i barun Levin Rauh 1867), njih DESET. — Posle ovoga će doći i lista pod natpisom „Kraljevski komesari" i „poverenici", njih TRI. — Naposletku ovu vojsku vladara raznoga kalibra, završava spisak „Hrvatski hercezi", koji su bili stranci iz kraljevskih ili sličnih kuća, među kojima nalazimo čak i Margeritu, kćerku našega Hercega Stjepana Kosače, i nama nepoznatog njegovog sina Ivana, 1356-1360, ukupno i njih SEDAMNAEST. — Najzad, ovi beskonačni spiskovi hrvatskih poglavara završavaju ovde na ovim hrvatskim hercezima.

Iz gornjega spiska dr Rudolfa Horvata izlazi da je bilo ukupno vladara u zemlji Kraljevine Hrvatske, što banova i kraljeva njihovih, pre i posle propasti nezavisnosti na Gvozdu 1102, okruglo na broju DVE STOTINE I ČETRDESET PET! Samih hrvatskih kraljeva od Tomislava do Kolomana ima ŠESNAEST, makar što se o mnogima ništa i ne zna. A zatim broj madžarskih i austrijskih zajedničkih vladara ČETRDESET I JEDAN.

Znači ukupno 302. Svi „presvetli"!

Da se čovek prekrsti od čuda! Jer, kada Hrvati citiraju vladare velike Rusije, to je sudeći po broju, šaka jada. Tako isto i francuske vladare od Klovisa do Napoleona III, opet šaka jada. O engleskim vladarima, da i ne govorimo. Srpske vladare oni ne pominju od kneza Vlastimira u Raškoj, koji je 840. već razbio bugarskog cara Presjama; ni njegovog sina kneza Mutimira, koji je malo docnije razbio vojsku bugarskog cara Borisa, zarobivši i njegovog sina Vladimira i 20 velikih boljara. Ne govore ni o Časlavu, koji je istrgnuo tu našu prvu državu od Bugara, da napravi makar i kratkovečnu jednu novu srpsku državu, koja se spuštala čak na Jadransko more. Ni o Zetskotravunskoj kraljevskoj dinastiji prvog našeg kralja Mihajla i Bodina, već 1050. Oni navode, naprotiv, samo kratki niz imena Nemanjića od Nemanje do cara Uroša, i ne pominjući poslekosovsku snažnu i bogatu državu Despotovinu u Smederevu za punih još 70 godina našega državnoga života. Bosanske banove i kraljeve spominju kao svoje. Ovo još umnožava gornje spiskove hrvatskih banova, i kraljeva u neizmernost.

Svakako je interesantno da ni Herodot, ni Tukidid, ni Plutarh nisu ovako sačuvali liste i spiskove Atinskih kraljeva, arhonata u najprosvećenijoj državi starog veka. Egipćani znaju samo za 29 dinastija svojih faraona. Ali na listi dr Horvata, figuriraju i banovi koji su banovali i jedva ispod 6 meseci. Ni jedno parčence ovakve istorijske veličine nije, dakle, bilo izgubljeno.

IV

NEŠTO O PRAVNOM SMISLU HRVATA

Postojale su tri glavne stvari kao neposredni razlog hrvatskog nezadovoljstva pod novim zajedničkim krovom naše bivše države. Osim sviju pogubljenih iluzija da olako dođu do svoje posebne države Velike Hrvatske, i osim verskog antagonizma u jednoj šizmatičnoj sredini, i osim lošeg utiska kada su prvi put prošli Beogradskim ulicama na kojim se videla samo ćirilica, i kuda je promicala samo vojska srpske rase koja je razbila i uništila austrijsku „štrafekspediciju", bilo je i drugih razloga zašto su se Hrvati onako kao u tesnoj čizmi osećali na svakom mestu našeg tla.

Hrvati su žalili svoje Hrvatsko Državno Pravo, vekovima vređano austrijskim i madžarskim postupcima, ali koje je u narodu podržavano kao istorijska svetinja, još, kako kažu, od prvog dana Borne 815, a koje je sada tobož prvi put stvarno sahranjeno. Zatim su žalili instituciju Hrvatskog Bana i Hrvatskog Sabora, takođe potpuno negiranim u Vidovdanskom ustavu.

Šta je to zapravo Hrvatsko Državno Pravo?

Ono je stvarno postojalo samo na hartiji. Nikad za 800 godina, od propasti države, nije Hrvatska ni na jednom međunarodnom forumu figurirala u ime tog svog Državnog Prava. A kada jedna država nije pod jednim tuđim vladarom ni saveznička, ni vasalna, ni vezana carinskom unijom, i još kad je u okviru države svog pobedioca, onda je to njeno državno pravo fiktivno i nerealno, a takva kraljevina maglovita i iluzorna. To je kao kada bi kogod prisvojio sebi vašu kuću, ali vam zato vratio natrag vašu staru tapiju. Ime ove male slovenske države sačuvala je pobedilačka i brutalna Madžarska samo da u svoj štit metne još jedan tuđi grb, da na svojim budimskim paradama vidi svoje slovenske pogorelce kao pobeđene, a zatim da uspomena na jednu nezavisnost narodnu ostane samo u poslovicama i doskočicama međusobnih političara. Svi savezi, ratovi, međunarodni paktovi, stvarani su u onoj monarhiji oduvek bez mišljenja Hrvatske.

Ali ako Hrvatska i nije imala mesta u bitnim rešenjima Madžarske ili Austrije, ona je po svome „ius municipalia" sačuvala, ili bar čuvala, izvesne unutrašnje zakone, ponekad nezavisne od zakona kraljevine Ugarske, a to nije bilo beznačajno ni kad je u životu malo doprinosilo. Bilo je zakona koje je izrađivao Hrvatski Sabor za hrvatski narod, i koji su odašiljali direktno caru u Beč da budu potpisani, ali je bilo još više momenata kad ovakve slobode Hrvata nisu uživali, i kad su ih bilo Madžari već od početka, bilo Austrijanci nakon toga, osporavali i onemogućavali. Mi ipak duboko verujemo da je Vidovdanski ustav nudio mnogo više Hrvatima nego i „Pacta Conventa", „ius municipalia", pakt sa austrijskim carom od 1527, „Pragmatična sankcija", Ustav od 1859, ili Nagodba Hrvatsko-madžarska od 1868. Nudio više nego ukupno svi ugovori koje je Hrvatska zaključila sa Bečom i Peštom od 1790! I to ne samo, ponavljamo, ustavna liberalnost

Stojana Protića u njegovom federalističkom projektu ustava, nego i onaj centralistički ustav kakav je inspirisao Nikola Pašić!

Da Hrvati nisu onako opasni fantasti i razvratni romantičari, koji su i posle Jugoslavije napravili samo sebi najgore ime među narodima, oni nikad nisu imali za čim iskreno zažaliti govoreći o svome Banu i svome Saboru. Po svome istorijskom i za njih uvek živom Hrvatskom Državnom Pravu, Hrvati su imali sledeće prerogative:

Imali su svoga Bana, koji je sazivao Sabor. Bana nije, istina, samostalno birao hrvatski narod, niti je hrvatski Sabor radio nezavisno od madžarskog parlamenta. Za bana su Hrvati predlagali vladaru monarhije po više kandidata, među kojima je vladar birao onoga kojega je on smatrao povoljnim. Zbog ovoga je među onih 302 hrvatskih dosadašnjih banova o kojima smo napred govorili, bilo većinom Madžara i Nemaca, ili madžarona i germanofila poslatih u Hrvatsku, ili biranih među plemstvom hrvatskim, tuđincima ili renegatima. Istina Hrvatska je slala u „zajednički" madžarski parlament svoje delegate, makar to i bilo samo trojica, za zajedničke poslove. Ovo su zapravo bili današnji „eksperti"; jer je Madžarska uvek smatrala zajedničkim poslovima jedino madžarske interese u Hrvatskoj, a ne i hrvatske interese u Ugarskoj. Ali je od 1715, i ovo pravo bilo poništeno.

Hrvatski Sabor, za kojim su jugoslovenski Hrvati isto tako duboko žalili, kao dokaz da je donosio nezavisne zakone slobodno od kraljevine Ugarske, uvek citira kako je taj Sabor tako slobodno izabrao sebi i habsburškog cara Ferdinanda 1527. za hrvatskog Cara. Ovo možda nije bilo ni tako teško: Madžarska je prestala da postoji malo pre toga, uništena na Mohaču, 1526... Srbi se mogu čuditi samo kako se Hrvati nisu posle Mohača digli da negde do Jadranskog Mora stvore parče nezavisne države, a ne kako su to birali austrijskog cara tako „smelo" i „slobodno"...

Nezavisnost pravosuđa u jednoj državi, neosporno je prvi dokaz nezavisnosti jedne države. Hrvati tu nezavisnost spominju među pravima svoje „ius municipalia". Ali ne treba zaboraviti da to pravosuđe nije moglo biti baš tako nezavisno od Ugarskog suda, kada je Kasacija sve do 1848. bila zajednička. U pogledu državnog jezika, život u Hrvatskoj bio je najnezakonitiji od svega što se videlo u Evropi: osim latinskog jezika, koji je u onoj državi bio zajednički administrativni jezik, nije u XIX veku prvi put Madžarska nametala ukazom madžarski jezik za administrativni, čak i obligatni jezik po školama, kao što će to raditi zatim i bečki apsolutizam. Nije nikakvo pravo što je Hrvatska plaćala samo polovinu od onoga što je Madžarska sama plaćala madžarskom kralju za vojsku i tvrđave. Ne treba se ni naročito ponositi što su Hrvati imali zakone kojima se protestantima zabranjuje da kupuju nepokretna imanja, i da služe u državnoj i javnoj službi...

Hrvati smatraju da je ipak u raznim varijacijama Hrvatsko Državno Pravo ostalo nepovređeno do XVIII veka. Međutim njega je poništila samo Apostolska i vrlo katolička Carica Marija Terezija (1740-1780) i sin joj Josif II (1780-1790) svojim centralizmom, poništivši potpuno gore pomenuti „zajednički Sabor" u Budimu, odnosno u Požunu, time što ga više nisu sazivali. Ne zaboravimo da je Carica osnovala i jednu „Kraljevinu Hrvatsku" i 1767, koja se sastojala od svega 4 županije (zagrebačke, varaždinske, križevačke i virovitičke), kao administrativnu jedinicu u svojoj monarhiji, i sa jednim naročitim Kraljevskim Vijećem, na čelu Ban i 5 savetnika. Ali ovo kraljevsko Vijeće je u toj kraljevskoj Hrvatskoj upravljalo „po naredbama ili patentima iz Beča"! Sabor ovako demantovan, nije više, priznavali su i Hrvati, nije bio više uopšte potreban ni onako mumija kakav je bio dotle.

Sada, pazite dobro. Dolazi ono što je najžalosnije za tzv. Hrvatsko Državno Pravo.

Kada je i ovo Kraljevsko Vijeće bilo ukinuto, nije vraćen hrvatski Sabor. NEGO SU SVA NJEGOVA STARA PRAVA PREDATA U NADLEŠTVO UGARSKOJ VLADI, koja je od 1779. bila podvrgnuta i sama Bečkoj Vladi kao centralnoj. OVIM JE AKTOM HRVATSKA POSTALA SASTAVNI DEO UGARSKE, IZGUBIVŠI SVOJU AUTONOMIJU, piše i sam prof. Ferdo Šišić u jednoj od svojih poslednjih knjiga koju mu je izdao Beogradski Balkanski Institut. Tako je pala takozvana dotadašnja nezavisnost i tzv. Hrvatsko Državno Pravo.

Ali je Josif II, išao još i dalje. On je podelio Ugarsku na 10 županija, distrikta ili upravnih jedinica, kojom su podelom i Hrvatska i Slovenija bile među sobom odvojene...

To je ono žalosno doba kada već u Hrvatskoj niko nije hteo da govori drukče nego mađarski. Na županijskim skupštinama, birajući svoje poslanike za hrvatski Sabor, zagrebačka, varaždinska, i križevačka županija, izrazile su želje: DA SE MADŽARSKI JEZIK IMA DA UČI U SVIMA HRVATSKIM ŠKOLAMA KAO OBLIGATNI PREDMET. Une loi, une foi, une voix! I sam hrvatski Sabor uvrstio je ovo među one želje kraljevine Hrvatske, koje treba da njeni izaslanici, iznesu državnom zajedničkom Saboru u Požunu! Zaključak hrvatskog Sabora glasio je, od reči do reči ovako:

„Staleži i redovi uviđaju potrebu, DA SE U KRALJEVINAMA (Dalmaciji, Hrvatskoj i Slavoniji) RAŠIRI MADŽARSKI JEZIK, jer žele da se Hrvatska i Slavonija što čvršćom vezom uzmognu povezati sa saveznom kraljevinom Ugarskom. Zato staleži i redovi nalažu gospodi poslanicima kako bi se postarali da se zakonom uredi pitanje učenja madžarskog jezika kao obligatnog predmeta u ovim krajevima; no službeni jezik ima i dalje da ostane latinski".

Ovo se dogodilo relativno NEDAVNO: 1830. godine!...

Zato Srbi u Beogradu, bar mi koji smo za ovo znali kao besprimeran slučaj u istoriji da se jedan narod dragovoljno odriče svoga narodnoga jezika, kao što su nekad krunisali mađarskog kralja za svoga kralja i primili austrijskog cara za svog cara, a 1790. učinili i onako žalosnu predaju svih svojih prava Madžarskoj — nismo mogli biti dovoljno osetljivi na nepravedne optužbe Hrvata kako su sad udžbenici po njihovim školama tobož istorijski nepotpuni zbog velikosrpske propagande. Mi, naprotiv, verujemo da su ti nepotpuni školski udžbenici bili baš zato odlični, što u njima nije bilo pisano sve ovo o čemu smo ovde gore govorili...

***

U takvim bliskim uspomenama, Hrvati su u Beogradu izigravali slobodne građane bivše velike monarhije, čija su prava narušena samo njihovim ulaskom u Jugoslaviju. Videli smo gore koliko je to netačno.

Da idemo i dalje.

Nagodbom Hrvatsko-Mađarskom od 1868, hrvatskog Bana predlaže ugarski ministar predsednik a kralj postavlja svojim kontrapotpisom, ali je Ban za sve što radi odgovoran zatim hrvatskom Saboru. Ovo izgleda nož sa dve oštrice. Banova odgovornost nije ničim precizirana, kao što je bila 1874, sa banom Mažuranićem kad je bio za Bana donesen poseban zakon o odgovornosti (makar što je i ovaj bio izigran). Svako zna da ima na svetu vrlo malo zloupotreba koje ljudi urade da bi za njih zatim odgovarali, a mnogo više onih koje neko uradi bez opasnosti da bi za svaku zloupotrebu posebnu morao odgovarati. Čak su madžarski ministri predsednici Vekerle, Kuen i Lukač izjavljivali da je hrvatski ban odgovoran samo ugarskom Saboru, što je stvarno značilo, odgovoran ugarskoj vladi, odnosno ugarskom ministru predsedniku. A ovo je odista bilo bedno!

Sa ovim kapitalom svoje tobožnje autonomne slobode došli su 1918. u Beograd, za ujedinjavanje sa Srbima, onih 23 člana zagrebačkog Narodnog Vijeća, koje će zatim i sami odstupiti sa vlasti u korist opšte kraljevske vlade. Ovo će Narodno Vijeće izvršiti tek posle jedne dosta organizovane pobune na zagrebačkim ulicama, gde su izvršeni masakri Srba! — Ali i ovo što smo naveli o takvom postavljanju hrvatskog bana izborom iz Pešte, nije bilo najžalosnije. Koliko je bila ispravna optužba hrvatska da je njihova otadžbina osiromašena ulazeći u Jugoslaviju, pokazaće sledeći protivni fakti.

Prema Nagodbi Hrvatsko Madžarskoj, od 1868, svi porezi iz Hrvatske i svi prihodi te zemlje morali su biti šiljani u centralnu blagajnu u Peštu. Još je do godine 1893. postojalo „Financialno Ravnateljstvo" za celu Hrvatsku, sa sedištem u Zagrebu, ali je posle toga ono ukinuto. Što je najgore, postavljena su docnije posebna financijska ravnateljstva u svakoj županiji, čiji je cilj bio samo da skupi novac, a da registre o tome pošalje pravo u Peštu! Spomenimo zatim i ovo: makar što je u toj Nagodbi stajalo da madžarska vlada već od 1869. bila uzela obavezu da šalje hrvatskoj vladi tačan izveštaj o svima hrvatskim prihodima, to madžarska vlada nije ipak učinila ni do kraja prošloga rata i do propasti habsburške monarhije! Ona se nije smatrala ni dužna da polaže ikakve račune, nego je Hrvatsku tretirala kao i ostale madžarske županije.

Međutim, Hrvati su 1921. odbili već ispočetka ne samo projekt Stojana Protića za Ustav čisto federalistički, nego i Vidovdanski Ustav centralistički, kao što bi odbili i treći, i četvrti, i svaki drugi. Međutim, za pregled državnih računa, taj balkanski centralistički Ustav vidovdanski, u članu o Glavnoj Kontroli kao vrhovnom računskom sudu, donosi rešenje kakvo Hrvati nikad nisu poznavali u habsburškoj monarhiji. Prema članu 117, Glavna Kontrola, birana od Narodne Skupštine, „dužna je da pregleda, ispravlja i likvidira račune opšte administracije, i svih računopolagača prema državnoj blagajnici. Ona motri da se ne prekorači ni jedan izdatak po budžetu, i da se neka suma ne premesti iz jedne partije budžeta u drugu.

Ona završuje račune svih državnih uprava (!) i dužna je prikupljati sve potrebne dokaze i obaveštenja. Završni državni račun podnosi se Narodnoj Skupštini na rešenje, sa primedbama Glavne Kontrole, i to najdalje za jednu godinu (!) računajući od završetka svake računske godine"!... Iz ovoga se vidi razlika koju je Hrvatska mogla naći u našem Ustavu, protivno načinu po kojem je Madžarska izvodila prema njima Nagodbu od 1868: ne polažući im nikakva računa za punih 50 godina poslednjeg tako nezakonitog života u zajedničkoj monarhiji...

Da spomenemo na kraju još jedno drugo čudo iz te hrvatske „autonomije".

Prema istoj nagodbi od 1868, sve šume na teritoriji „kraljevine" Hrvatske jesu hrvatsko državno dobro, i samo hrvatski Sabor odlučuje o prodavanju tih šuma. Ali i ovo je bilo samo na papiru, kao i sve drugo što je Madžarska priznavala Hrvatskoj, a što je Hrvatska primala za gotov novac: Madžarska je sve te šume upisala u madžarske gruntovnice, kao šume madžarske, kojim jedino madžarski Sabor i madžarska vlada slobodno raspolažu, bez pitanja hrvatskog Sabora...

Hrvati su pokorno podnosili sve ove brutalne madžarske zloupotrebe. Ali nikad nisu smeli madžarskim grofovima i baronima za ovakve krađe doviknuti reč: lopovi!, kao što su nama nesmetano uradili već drugog jutra decembarskog one fatalne 1918. godine... Oni su se, naprotiv, zadovoljavali tim što su pravili najveće nesreće Srbima u Hrvatskoj. Oni su kako piše sam Starčević, Srbe pekli na ražnju u njihovom selu Perušiću (rodnom selu hrvatskog bana dr Ivana Subašića)... Uostalom svi su paragrafi Nagodbe ovako izigrani, a ima ih 70!... Zar nisu Hrvati smatrali za uvredu svom hrvatskom državnom pravu, da u Saboru sprovedu i prime i zakon „željezničku pragmatiku" koji naređuje da na hrvatskim željeznicama bude postavljeno madžarsko činovništvo, i zaveden administrativni jezik madžarski?!...

Svakako, iz ovog što smo gore govorili, vidi se jasno hrvatski pravni mentalitet, koji je toliko uneo nereda u našu mirnu i ponosnu kuću, kao izvor obmana koje su zbunjivale i tako male mozgove u našoj politici, ali ohrabrile najveće korupcionaše u našoj državi.

***

Osim što nisu mogli Hrvati prežaliti svog hrvatskoga Bana i svoj hrvatski Sabor, ulazeći potpuno ravnopravno u zajedničku državu Jugoslaviju, nisu mogli prežaliti ni svoj Zagreb. Naime, bilo je za njih vrlo bolno što su Zagreb i Ljubljana centralističkim Ustavom bili ostavljeni kao dve provincijske varoši, ili kao što Srbijanci kažu, palanke. Hrvati su, naročito u XIX veku, verovali da će jednom Zagreb biti prestonica i stožer sviju južnih Slovena. Međutim, u njegovom odnosu istorijskoga značenja, Beograd je prirodno odneo pobedu. Zagreb je uopšte jedan neistorijski grad, čak i u samoj istoriji hrvatskoj. On se prvi put spominje u istoriji kada je u XI veku hrvatski narod, posle ubistva Zvonimira u Kninu, svojevoljno pozvao madžarskog kralja Ladislava II, da dođe i zauzme njihovu hrvatsku državu. Ladislav je odista prešao Dravu i došao do Zagreba gde je osnovao današnju njihovu hrvatsku biskupiju. — Grad se tada sastojao od dva zasebna grada: Zagreba, kao svešteničkoga grada, u kojem su živeli i upravljali klerici (njih 32); a drugi grad se zvao Gradec, u kojem su živeli laički staleži. Između ova dva grada išla je granica koja je bila jedan potok po imenu Medvedica. Najvažniji istorijski doživljaj Zagreba, bio je kada je car Franja Josif 1859. naredio patentom da se oba grada ujedine pod imenom Zagreb. — Eto cele istorije grada Zagreba. — Međutim, naš slavni Beograd je poznat od IV v. pre Hr. kao istorijski grad prvoga reda, još od vremena kad se pod Rimljanima zvao Singidunum; i što su pod njim bile tučene velike bitke za hrišćanstvo; što je bio prestonicom i despota Stefana, sina kosovskog kneza Lazara, punom poznatih manastira i crkava. Svako zna da je lično sultan Mohamed II, osvajač Carigrada, stajao pred Beogradom kad je ovaj grad osvojila konačno njegova vojska.

V

STJEPAN RADIĆ, POLITIČAR

Radić je bio glavna politička ličnost koju je Hrvatska izbacila prvih godina države Jugoslavije. On je dao maksimum onog što je Hrvatska mogla dati u političkoj zrelosti i državničkoj misaonosti. — Srbi su iz XIX veka izišli sa uspomenom na dvojicu velikih državotvoraca, kakvi su bili Karađorđe i Miloš, i na svoje velike državnike, kao Ilija Garašanin i Jovan Ristić; a zatim i ušli u XX vek sa jednim Nikolom Pašićem i Milovanom Milovanovićem, i sa nekoliko generala kao i Plutarhovih životopisa: veličine Vojvode Mišića i Vojvode Stepe. Za Srbe, dakle, hrvatski partner, Stjepan Radić, nije bio čovek koji je predstavljao svoj narod sa onim sjajem sa kojim izlaze epohalne ličnosti da na raskršću istorije ukažu na pravac kojim njegov narod treba da ide. Znači, Radić je bio čovek jednog vremena, a ne i jednog stoleća. Ja iskreno verujem da je on bio kao i oni znaci na alpijskim strmim stazama, koji, naprotiv, pokazuju pravac kojim ne treba ići! — Poslednja reč o Radiću u istoriji njegovog naroda, pripadaće onom ko bude pisao odvajajući politiku od polemike, delo od avanture, intelekt od temparamenta, borbu od inata, prkos od uverenja.

To je bio čovek koji je kao vetar ušao u kakvu dvoranu u kojoj je polomio sve što je dotle stajalo mirno na svom mestu. Bez ikakve koristi za svoju otadžbinu hrvatsku, on je učinio neizmernu štetu otadžbini srpskoj, kakvu nije učinila ranije ni jedna neprijateljska vojska koja je napadala onu zemlju. On je ugasio kod nas sve sveće kud je naišao. Za nekoliko godina njegovog učešća u našem životu, naša zemlja nije više u moralnom pogledu pokazala drugo neko pomračenje, anarhiju, osramoćenog heroja, neisceljivog bolesnika. I Pašić i Kralj su čitav niz godina bili vezanih ruku pred ovim vođom gomila od kojeg se u zemlji niko drugi nije čuo, i čijoj furiji rečitosti nije mogao staviti kraja ni razum, ni pretnja, ni ljubav, ni tamnica. — Radić je ipak bio više dokaz posrnulosti srpskog društva i nereda posle evropskog rata, nego dokaz snage i otpornosti Hrvata posle sloma habsburške monarhije. Dokaz, da iako su Srbi pobedili Austriju, daleko su bili od toga da su pobedili i austrijanštinu, od čega je srpsko društvo ubrzo obolelo, a zatim i potpuno podleglo.

Bilo je jedno doba, kada Beograd nije zarezivao ni Sultana, ni ćesara, i čija je vojska od postanka države uvek imala puno jače i mnogoborojnije neprijatelje nego što su bili Srbi i njihova vojska. Ali je Srbija uvek pristala da im prva iziđe na bojište. Beograd je bio okamenjen pred bujicom reči na mitinzima, ili kleveta u parlamentu, i štampi i crkvi ovog buntovnika, kojem se nije odricao patriotizam i kad mu se odricala dobronamernost. — Kad se Stjepan Radić prvi put pojavio u parlamentu, Hrvati su sami poručivali u Beograd, da sa Radićem dolaze onamo ljudi najmanjeg društvenog i duhovnog staleža, zbog njegove mržnje na intelektualce i dotadašnje predstavnike kulture njihovog Zagreba. Odista, ovo se osetilo već u prvom dodiru sa Srbima, izišlim sa slavom iz poslednjih ratova, u kojima su dali dokaza i herojstva u borbi kao vojnici, i viteštva na muci, kao građani.

Ličnost Stjepana Radića nije odista ničim ni spoljašnje osvajala u srpskoj sredini, gde su bar onih „trideset gornjih", što kažu Englezi, ipak dotle vredeli više nego trideset gornjih u ma kojem od ostalih okolnih naroda. Radić je bio spoljne neugledan, zanemaren, raspojasan, i jezičast, bez odlika koje daje dobro društvo, ili salon, ili brižljiva biblioteka. Bio je uz to i kratkovid toliko da nije video ni onog s kim je razgovarao. Ta kratkovidost je učinila njegovu vizuelu prema stvarima uvek ograničenom na najskučeniji oblik vidika, a oduzimala mu je i moć da lako razlikuje, prihvaća ili ne prihvaća ljude, po onom po čemu su oni najčešće ili simpatični ili nesimpatični: po njihovoj spoljašnosti, pogledu, osmehu, izrazu, osvetljenju lica. On je ovako govorio sa svetom kroz ključaonicu. A kao svi fizički nedostaci što naprave ljude zagrižljivim ili zlim, ovaj je nedostatak pravio Radića čovekomrscem, i prirodno nepoverljivim, i zato neumerenim u načinima, i nestrpljivim u rečima.

Ljubav za seljaka bila je u njemu pasivna, prkosna, programska, smišljena, više nego što je pokazivala interesa za teške brige seljakove, koliko se očekivalo. Ovo ćemo i dokazivati u ovom napisu. Stjepan Radić, seosko dete, bio je odveć zagrebački buržoa.

***

Ma koliko na prvi izgled, različan od Ante Starčevića, on je uglavnom njegov učenik i naslednik. Naročito po elementu mržnje i nekritičnosti u svom verbalizmu kojim je bio ispunio svoj život i svoju javnu delatnost.

Ko je Ante Starčević?

Starčević je bio bogoslov — sa tri godine teološkog fakulteta u Pešti, i nosio je sobom osobine koje su dolazile iz te sredine i iz te škole, više nego iz Like, sunčane i zelene, makar što su i tamo odavna živele srpske krvopije. Ovaj „hrvatski Katon" i „otac Hrvatske" poznavao je lično i Gaja i Jelačića, koje je najpre obožavao da ih zatim ukalja i popljuje. Kad je (šezdesetih godina prošlog veka), Anti Starčeviću trebalo da se zapopi, osetio je da za takvu misiju nema ni potrebnu kontrolu sebe, ni odanosti crkvi, ni pobožnosti. Kao takav, naravno, otišao je u jednu kancelariju advokatsku, da zatim opasnu svoju maniju i naviku parničara unese u svoju političku ideologiju. Stoga, mesto na Nemce, udario je odmah protiv Srba. Da se populariše, udario je i protiv Mađara, kao branilac Hrvatskog Državnog Prava, po kojem je nazvao i svoju stranku kada je stvarao „pravaštvo", istodobno kad i Štrosmajer svoju „unionističku" stranku po reči Unija (koja se odnosila na uniju sa Austrijom protiv Mađarske). Tražio je i da se Kralj kruniše u Zagrebu, hrvatskim kraljem, kao što se 1867. krunisao tad u Budimu za mađarskog kralja — što u Beču nisu shvatili za jedno isto. Više buntovnik nego revolucionar, i više kavgadžija nego i borac, kao što će biti docnije i Radić, Starčevića zbog jednog govora optužuju i zatvaraju na šest meseci. U malograđanskoj sredini Zagreba, to je bilo dovoljno da neko postane herojom i vođom.

Međutim, Ante Starčević nije prišao buni Evgena Kvaternika „za otcepljenje od habsburške monarhije". Ova je buna buknula u Rakovici, 1871. Pobunjenika je bilo samo jedna četa. Zvonila su puno zvona i katolička i pravoslavna. Vođ i generalštabac ove pobune bio je isluženi stražmeštar Rade Đujić... Među ostalim pobunjenicima bio je i jedan pravoslavni pop na konju! A kad je izišla vojska da uguši bunu, jednim plotunom je poginulo 12 pobunjenika, i pao pravoslavni pop sa konja. Šef bune Kvaternik je poginuo u fijakeru. Ferdo Šišić je pisao da su Kvaternika ubili sami Hrvati.

U Saboru, na ulici, u društvu, Starčević je bio tvorac mržnje protiv Srba, koje su do njegovog vremena ubijali samo po naredbi sveštenstva. Starčević je pokušao čak i da stvori neku „naučnu srbofobiju". Slavene je, kao i Nemci, smatrao već po imenu Squiavi, stvorenim za „robove", „neprijatelje civilizacije", „oružje sužanjstva", „prolazne reči", „niža rasa"; a reč Srbin dovodio je od reči sužanj, servus, ili od reči svrab, ili svrabež.

„Mislite li vi", pisao je Starčević, „da se protiv toj grdobi ne bude složilo sve što je krepostno, sve što je božje?..." „Vandali su", pisao je dalje „mnogo plemenitiji". — Sve Srbi što imaju, ukrali su od Hrvata: junake, dinastije, Kosovo, Marka Kraljevića, Miloša Obilića... A naročito Kosovo, na kome su se borili svi osim Srba. „Nema", kaže, „ni traga srpskoj narodnosti". Knez Lazar je pohrvaćen, jer je on „nema dvojbe, nečiste krvi..."

Starčević je zato prvi „naučno" tražio istrebljenje Srba. Pišući na jednom mestu, kako gordeljivi Srbi smatraju vešala kao sramnu smrt, on žali što za ovu njihovu aversiju nisu znali hrvatski seljaci u Perušiću kada su na ražnju ispekli dva Srbina... Njegova ovako „naučna srbofobija", iako nije učena po školama kao botanika ili zoologija, ona je slušana u njegovim govorima, i čitana u njegovim knjigama i posle njegove smrti, kao poslednja reč jednog dinamičnog patriotizma, kao zavet; i propovedana po crkvama, kao pobožna mudrost. A zbog nje je Starčević poznat u Hrvatskoj kao Šekspir u Engleskoj, ili Dante u Italiji! Za njega piše njegov biograf, sveštenik dr Kerubin Šegvić, da je Starčević „najgenijalniji muž što ga je dala Hrvatska u XIX veku, i na svetu..."

Nema odista ni jednog Hrvata na svetu koji u svoje vreme nije bio starčevićanac. A Stjepan Radić je produžio baš odande gde je ovaj „hrvatski Katon" i „otac Hrvatske" bio stao. Starčević i Radić su za života imali i svoje smejače, ali na kraju su ipak upisani u agiografiju svog čudnog naroda. — Ono što je Stjepan Radić uzeo od svog učitelja Ante Starčevića, to je ta bezobzirnost prema tuđoj logici, ukus za popularni paradoks i plebejsku doskočicu, i uopšte onu neumerenost sa kojom su njih dvojica pravili svoje postavke kakve nijedno društvo, osim hrvatsko, ne bi moglo podneti. Ovo je možda jedan psihički slučaj za kakav Srbi u Srbiji nikad nisu znali ni po pričanju. Ko bude od Hrvata u mladosti čitao Starčevića, a danas Stjepana Radića, taj neće biti iznenađen pokoljima Srba u Hrvatskoj

Ante Pavelića, poslednjeg vođe starčevićanske stranke prava. Starčević, Radić i Pavelić, to je politička i duhovna dinastija hrvatska, tri „oca Hrvatske", koji se ne mogu zamisliti jedan bez drugog. Hrvat dr Dinko Tomašić, ustaški agitator u Americi, piše (Journal for Central European Affairs, april 1942) ove reči: „Starčevićeva pravaška stranka vezana je sa ustaškim pokretom i ustanovljenjem sadašnje nezavisne hrvatske države". Sic! Pravaši su bili, pre svega, antisrpka stranka u Hrvatskoj sve do Radića i Pavelića. U svojim današnjim govorima, zato i Ante Pavelić, šef države, jedino i veliča Antu Starčevića i Stjepana Radića.

* * *

Stjepan Radić je vrlo čudan i po celoj svojoj karijeri. Bio je paćenik od detinjstva, siromašak do kraja života: mučenik svoje ćudi, više nego i svog ideala. Radić je proveo za svoje političke krivice ukupno sedam godina u tamnici... To je trećinu svog celokupnog političkog delovanja! Ovo je sve većma zaoštravalo njegovu građansku borbenost, ali i sve većma mutilo njegov politički vidik, njegov smisao o pravom i normalnom ljudskom životu, i ogorčavalo njegov karakter.

Takav je došao i među Srbe.

Blagodareći uspehu svog rano preminulog brata dr Antuna Radića, on već 1905. pristupa ostvarenju jednog velikog političkog seljačkog pokreta, stvaranju svoje sopstvene Seljačke Stranke, koja će toliko strašnu ulogu igrati u istoriji srpskog naroda, da će jedino ona uzeti odgovornost za ono što će istorija docnije naneti kao svoju odmazdu.

Sve je u Radiću zablude i prkos, zalet i slabost, junaštvo i ustuk. Uvek materijalno skroman i pošten, bez lakomosti, nepotkupljiv ni novcem ni rečima vlastodržaca, on je, međutim, bio lakom na jevtinu slavu haotičnih masa. Pošto ne postoji ni u sukobu elemenata u prirodi otpor kakav u masi ljudskoj postoji prema mudrosti i poretku, on je u tim masama tražio otpor i prkos. On je bio svoj narod opčinio i zaludio svojim rečenicama i predugim i haotičnim, zamršenim i uvek dvomislenim, bez logične postavke, ni smišljenog zaključka. Zbog ovog su ga smatrali i filosofom. Na jednom njegovom letnjem mitingu u nekom hrvatskom selu, neki dečko je ispustio iz nedara goluba, i ovaj se, poluzaslepljen od iznenadnog sunca, zaletio u hiljade Radićevih slušalaca, da zatim obleti oko Radića koji je stajao pred njima, i najzad padne pred njega, našto se ceo narod bacio na zemlju: „Duh Božji, pao je na Stipu!" Sa ovakvim političkim masama, i ovakvim njihovim vođom, teško je bilo i zamisliti da se jedna država nađe na poslu gde je trebalo puno hladnog razuma a malo demagogije. Zbog ovakvih slučajeva, Nikola Pašić, koji je izgovorio malo reči na ovom svetu, nalazio je da će Radić odista razgraditi sve ono što su drugi bili sagradili. Odista, sa takvom slavom će ovaj hrvatski političar i ući u istoriju svog naroda.

Pravi ideolog Hrvatske Seljačke Stranke i vođa Stjepana Radića, bio je njegov brat dr Antun, koji je bio u Hrvatskoj zadrugar, na način srpskog zaslužnog zadrugara Mihajla Avramovića, koji je čak i u Bugarskoj pokrenuo prvi zadrugarski pokret. Antun Radić je bio ostao seljak više nego što je i njegov brat Stjepan postao građaninom. On je verovao da seljaštvo, koje je prošireno u Evropi kao glavna klasa od Baltika do Jadrana, mora imati i glavnu reč, i istaći već zajednički princip za novu demokratiju seljačku, protivnu starim kulturama i starim ustanovama. Za hrvatsko selo, donde vrlo zanemareno, prvi je dr Antun Radić rekao da već može postati političkom jedinicom. Ovo mišljenje, jasno i smelo izraženo, i bačeno za vreme habsburške monarhije, kao princip „za vladu naroda", koje je trebalo biti prošireno u narodu u vezi i sa građanskim klasama, i bez violentnih sredstava: kroz školu i vaspitanje, i u ime „ljudskih prava".

Za ovim socijalnim mislima svog brata, Stjepan Radić je pošao, i nastavio oko 1905. Hrvatsku Seljačku Stranku. Na poslednjim izborima, uoči rata, biračko je pravo bilo znatno prošireno, i ukupni broj birača iznosio je 200.000. Radić, koji je izašao na te izbore sa devizom „seljačka pravica", nije pokazao puno uspeha. Ovako, najpre u Austriji a zatim u Mađarskoj, i najzad u Hrvatskoj, prodrlo je bilo opšte pravo glasa, i skinuti okovi sa hrvatskog birača, sputanog feudalističkim anahronizmom, strogom i ubojitom crkvom, i oveštalom birokratijom. Ali Radićeva se snaga još nije dotle primetila više nego po njegovim uzbudljivim govorima. Za Austrije, ona je dobila svega tri mandata, ili 3/100 od celog Sabora. Ali će ona tek posle rata, i posle Ujedinjenja u Jugoslaviji, postati velikom i najvećom strankom, blagodareći pometnji koju je ona izazvala u našem političkom životu, i pogreškama srpskih vođa. Radić, po svojim demagoškim osobinama, imao je odlike jednog buntovnika više nego političara. On je uživao u klicanju svojih masa, i u mržnji svojih protivnika. U Hrvatskoj je Radić sa prezrenjem govorio o dotadašnjim „gospodskim strankama" činovnika i besposličara, kad ih je trebalo razbiti. Ovo razbijanje nije bilo teško, pošto su se one dobrim delom brzo asimilovale. „Stara politika" (1865-1905), pala je pred „novom politikom" seljačkom (1905. i dalje). To je bilo kao Stari i Novi zavet u Bibliji.

Njegovu stranku su upoređivali sa velikim pokretom Radikalske stranke u Srbiji, dodajući i da je ona nešto više: jer je Radikalsku stranku napravilo nekoliko njenih vođa, a ovu je stranku napravio jedini Stjepan Radić. — Nije se ovakav pokret video ipak još od vremena seljačkog buntovnika Matije Gupca, koji je sa Srbima iz Žumberka, digao bunu protiv gospodskih izelica, i koji je bio na zagrebačkoj pijaci spaljen, uz svečano učešće zagrebačkog biskupa sa sveštenstvom, zastavama, krstima i svećama, još u XVI veku. — Zato je Hrvatska Seljačka Stranka i isključila iz daljeg narodnog kulta feudalce Zrinjskog i Frankopana, a kao svog duhovnog oca, ukazom svog vođe, postavila Matiju Gupca na njihovo mesto.

Stjepan Radić samo u jednom pogledu ostao je naročito vezan za svoje hrvatsko seljaštvo: on se služio njegovim rečnikom, imao seljačke sitne vidike, znao samo za seljačke uske puteve, bio težački tvrdoglav, paorski isključiv, gejački nepoverljiv. Onako nepoverljiv je mogao biti samo seljak. Nikad mi Srbi ne bismo mogli zamisliti u svojoj sredini i na čelu svojih vlada, ovakve političare. Malo pre Radića, u Šapcu je držao slične govore neki Kurtović, koji je bio napušten od sviju slušalaca, i brzo onemogućen. Srbi, ljudi od akcije, kao takvi, mrzeli su egzibiciju u rečima. Mudro ćutanje Pašićevo, napravilo je, preterivajući, među Srbima odvratnost prema „sjajnim govornicima".

Srbi ne mogu zameriti većini Hrvata što su u politici pokazivali servilnu odanost od 1914. godine austrijskoj politici nadvojvode Ferdinanda, koja je narod dovela do rata. Nisu bili godine 1914. mnogo junačniji ni članovi Koalicije Sprsko-Hrvatske, koja je, prilikom objave rata Srbiji, dala u „Srbobranu" skrušenu izjavu „lojalnosti", pozivajući čak i druge narode monarhije da se okupe „oko presvetlog prestola", što je bilo i više nego što se očekivalo.

***

Tek posle Ujedinjenja, Radić je izašao vrlo smelo sa svojim osećanjima, i jasnije nego i sa svojim idejama. Srbi se nisu mogli da snađu, posle svojih teških ratova i sjajnih pobeda, koje su bile zadivile svet, kada je ovaj razbarušeni hrvatski besednik pokazao svoje podništavanje za Srbe, za njihove državne navike, monarhiju, i imena srpskih velikih državnika koji su dotle vodili našu Kraljevinu. Srbi nisu još znali za ovaj način hrvatske afirmacije. Bilo je za Srbe sablažnjivo sve što je, već u prvom dodiru s njima izgovorio ovaj učenik „hrvatskog

Katona" i „oca Hrvatske", kojem se Kvaternikova buna Rakovička činila slavnijom od Kumanova, Bregalnice, Kolubare i Dobrog Polja, a hrvatsko državno pravo veće nego Dušanova carevina! Posle sjajnih borbi, nastupile su male i prostačke kavge; posle megdandžija, inadžije; mesto juriša oružjem, bujice najgorih pogrda koje su se ikad čule na jednom mitingu i u jednom parlamentu.

Mi ovde ponavljamo: da sa dva političara, kakvi su bili hrvatski ideolog Ante Starčević i hrvatski demagog Stjepan Radić, ne bi izišli na kraj ni kakva država mnogo starija i mnogo stabilnija, nego što je bila ona nesrećna Jugoslavija, na račun koje su se stvarale stranke, i narodni pokreti, i reputacije, i slave pojedinih vođa, i korupcija u jednoj donde poštenoj kući, i najgore ime za jedan od evropskih naroda najplemenitijeg soja.

Slava Stjepana Radića u njegovom narodu jeste da je on bio najveći neprijatelj Vidovdanskog ustava iz 1921. godine.

Uoči Ujedinjenja i za vreme zagrebačkog „Prevrata", Stjepan Radić je bio izbačen iz Narodnog Vijeća krajem 1918, i bio uhapšen već početkom 1919, i on je ostao u zatvoru do izbora za Ustavotvornu Skupštinu. On je pušten na slobodu na sam dan izbora da bi bar svojim glasanjem učestvovao u izbornoj borbi svoje stranke. Izbori su bili zakazani za Ustavotvornu Skupštinu već 7. septembra 1920, za 20. novembar 1920. Ovo poslednje maltretiranje ovog već i odveć zlostavljenog čoveka, ozlojeđenog i na ljude i na život, nervoznog i nepodnošljivog za svakog u njegovoj okolini. U Zagrebu buntovnik, on je već došao u Beograd kao osvetnik.

Rad oko novog Ustava bio je ne može biti ispravniji. Kad je već 1. marta 1919, sazvana prva „Zajednička Skupština" (sastavljena od 81 člana stare srpske niške Skupštine, i 200 novoizabranih poslanika iz sviju drugih pokrajina, oni su imali zadatak da spreme uslove za izradu novog Ustava).

Vidovdanski Ustav je izglasan 28. juna 1921, koji su Srbi nazvali prostodušno „vidovdanskim", kao što su i iz Niša, 1914, poručili Hrvatima da je novi rat i za njih „oslobodilački". Ali Hrvati, koji se od svega trzaju, i uvek zakeraju, više su mislili ovde na srpsku kosovsku ideju, nego na jugoslovenski Ustav za novu državu, zbog čega taj srpski elemenat nije trebalo naročito ni isticati. Po njihovoj pameti, ovo je bilo dosta izazivačko. Naše bosanske muslimanske vođe ovo je takođe žacalo zbog aluzije na veliku tursku pogibiju, i tragičnu smrt sultana. Slovencima je opet Ustav, zbog ovog naslova, izgledao nekom pravoslavnom knjigom. Za sve njih je Vidovdan podsećao više i na Sarajevo nego na Kosovo!

Prvi projekt novog Ustava bio je, kao što se zna, delo Stojana Protića, starog radikalskog političara i državnika, čoveka ponosne prošlosti, koji je za svoja slobodnjačka načela bio, za vreme Kralja Milana, i u tamnici, i onamo nosio turske bukagije. Ovaj je Protićev projekat predviđao široke autonomije s pravom da one izrađuju i pokrajinske zakone (nešto nalik na ono što su članovi Jugosl. Demokratske Lige sanjali na Lemanskom jezeru u svom snu o državi). Ovaj federalistički projekat Ustava odbili su i Radić i Korošec, ističući da on tobož nije davao nikakve garantije. — Svako zna da je već spočetka kad je Radić tvrdio da je federalista, Korošec izjavio da je Republikanac! Koliko su bile precizne ideje ovih dvojice političara, može se misliti po predlogu koji je tada učinio Radić: da Srbijom upravlja srpski Kralj, Hrvatskom njen hrvatski Ban, a Slovenačkom njen Prezident...

U jednom momentu, i u svom jednom političkom govoru, Radić je pozvao i Čehoslovačku da vrati Mađarskoj Slovačku koju joj je otela.

Kad je morao tvorac ovog odbijenog federalističkog Ustava, Stojan Protić, odstupiti, Nikola Pašić je, preko svoje stranke inspirisao novi stav, sasvim centralistički. Ustav je protivnicima Hrvatima i

Slovencima izgledao da stavlja Srbiju za glavnu zemlju, srpski narod za glavni narod, pravoslavnu veru za glavnu veru, a Beograd za glavni grad; a sam slučaj što je bio delo radikala, on je Hrvatima i Slovencima izgledao velikosrpski. Pod imenom Vidovdanskog Ustava, on je odista bio izglasan 26. juna 1921. Glasali su za Ustav uglavnom radikali i demokrati (223 protiv 194). Pri glasanju su napustili Skupštinsku dvoranu Hrvati i Slovenci (159), i socijalisti i komunisti i zemljoradnici (35). — Usled ovog neslaganja izbili su i drugi sukobi oko Izbornog Zakona, čiji je tvorac bio Pašić, zbog čega su opet pri glasanju napustili skupštinsku dvoranu isti poslanici, a ostali da glasaju opet samo radikali i demokrati.

Pašić je primio borbu dignutog vizira i sa gvozdenom rukavicom, potpuno rešen da ide do kraja. U ono se vreme, kao što je poznato, smenilo nekoliko vlada već u buri koja se naslućivala: kabinet Davidovićev (od avgusta 1919); kabinet Protića (od februara 1920); i kabinet Vesnića (od maja 1921), koji je i pravio izbore. Vesnića smenjuje Pašić, koji uvlači u kabinet samo srpske demokrate, Slovence (Korošca), i bosanske muslimane (Spaha).

Međutim, ostaće dalje na bojištu glavni protivnik Radić, koji već tada nije pokazivao mere u svojim rečima. Spočetka je ova bujica reči bila samo pobuna jednog neobuzdanog i nezgrapnog temperamenta, ali — ovo treba dobro zapamtiti — docnije će Radićeva borba protiv države i Ustava dobiti i neku svoju naučnu podlogu, kada ta osionost postaje i razumljivija.

Samo njegova prerana smrt je učinila da on ode s ovog sveta samo ostavljajući uspomenu na jednog buntovnika i osvetnika, kad je on već bio prestao da bude samo to dvoje, i kad je pošao da bude državnik, sa svojom već izrađenom idejom (1925) o državi kakvu njegov hrvatski narod želi.

Za prvih pet godina države, postojao je najpre dvoboj Radića i Pribićevića, dvojice ljudi iz iste zemlje, starih poznanika iz Praga, obojica odveć vatrenih i neobuzdanih za jednu misiju kakva je politička. Pribićević je znao Radića samo kao neprijatelja Srba. Bili su njih dvojica stvoreni ili da jedan drugog pojedu, kao što se plamenovi pojedu među sobom, ili da jedan drugog prigrle. Dogodilo se ovo oboje. Za prvih pet godina je Pribićević bio glavni beogradski „ekspert" za Hrvatsku, a posle toga je postao glavni hrvatski „ekspert" za Beograd!

Srbijanci nisu još bili otkrili srpsku Liku i Krbavu, niti su što znali njegovi političari o Zagrebu. Ovo kriminalno neznanje nisu ničim onemogućili ni glavni naš Univerzitet, koji je mirno posmatrao sve nerede koji su unošeni u pitanje srpske istorije, etnografije, etnologije i statistike. Nekad su jedan dr Jovan Cvijić ili Stojan Novaković davali Pašiću ideje koje on nije uspevao sam imati. U prvo vreme, međutim, za sve slučajeve u Hrvatskoj bio je kompetentan samo Pribićević, koji nije bio čovek od knjige. U novinarstvu zastupali su Pašića ljudi iz grupe dr Laze Markovića, koji nisu opet bili ljudi od pera. Pribićević je dobio ambiciju da se smatra naslednikom Pašića, a Marković da postane državnikom u Pašićevoj razbijenoj vojsci. Pribićević je bio stvorio u Hrvatskoj svoj lični režim, a njegovi naslednici u stranci, svoj lični moral. Dr Laza Marković je pak najviše doprineo da slavna Radikalna stranka izgubi svoj prestiž i najzad skrene na svoje konačno bespuće. A sve se ovo dogodilo kad je jedna snažna stranka mogla da spase državu.

Pre potpunog povlačenja sa vlasti, Pašić je svojim očima video da je velika nesreća za jednu stranku da ima jednog odveć velikog čoveka, mesto jednog dobro organizovanog principa. Ono što će stranka tih godina već otvoreno pokazati kao prvi znak obolenja, docnije će je potpuno i pre svog velikog šefa odneti iz života.

***

U borbi protiv Ustava, upravo protiv Beograda, Radić je, kako smo ranije spomenuli, bio zanemario svaku brigu o svom seljaštvu, i vodio borbu kao kakva buržoaska stranka, čak stranka velike buržoazije. Za razliku od njegovog prijatelja dr Korošca, on je uglavnom uživao u svom verbalizmu. Ekonomski program stranke Radićeve, bio je ne može biti gori. Finansijski, tako isto.

Evo dokaza.

Stjepanu Radiću se pripisuje što nisu na vreme napravljene naše državne železnice i vodeni putevi, a što je donelo puno štete posleratnom prometu i saobraćaju. Svetski rat je bio iskvario naše pruge i ostavio u krajnjoj mizeriji naš železnički park, skoro neupotrebljiv nakon rata. Ovo je bila Beogradu glavna briga. Najviše je ovo pogađalo baš Hrvatsku i Dalmaciju, koje nisu ni za vreme habsburške monarhije nikad dobile veze sa Primorjem, osim pruge koja od Ljubljane ide preko Zagreba za Beograd. Napravljena je jedino, već u austrijsko vreme započeta, uska pruga Zagreb-Knin-Split, ali je ipak trebalo 24 sata do nove prestonice! Beograd je imao u glavi dva železnička pravca: Beograd-Niš-Solun, što je delom i uradio, dobivši onamo i svoju slobodnu zonu; a zatim pravac Beograd-Sarajevo-Split, koju liniju nije Radić ni spominjao! Same luke na Jadranu su bile jedva u stanju da zadovolje domaće potrebe; a kad se u nas pokazala gotovost da dadnu jednu slobodnu luku Mađarskoj na našoj obali, onda se pokazalo da ni Šibenik ni Split ne odgovaraju ovoj potrebi! Vezu obale dalmatinske sa Dunavom, nije niko ni pokušavao da populariše... Ne treba obilaziti vrlo veliku krivicu Hrvatske Seljačke Stranke, što su svi njeni protagonisti većma voleli da budu zakonodavci kao Solun i Likurg.

Ovo su Radićevi slušaoci najviše platili novcem. Jugoslavija je ovo hrvatsko ometanje izgradnje železnica platila padom svoje valute, a to znači milijardama štete.

Sa finansijskom politikom Hrvatske Seljačke Stranke, bilo je još gore. Radićev Zagreb je već od početka dobio ambicije da postane gradom bogate buržoazije. Tako je došlo do invazije tuđeg kapitala, većinom iz Pešte i Beča (koji, i pored njihovih domaćih nevolja, nisu prenebregavali ni veliku politiku). Posredstvom onamošnjih velikih jevrejskih kapitalista, Hrvati su nabavljali kapitale i na većim evropskim pijacama. I to toliko, da je Zagreb postao glavnim novčanim tržištem u Jugoslaviji.

Ali je u ovom postupljeno sa puno neznanja. Zagrebačka novčana pijaca bila je ekspozitura tuđih kapitala, najviše mađarskih i bečkih banaka i zato je Zagreb izgubio ravnotežu, što je izazvalo onamo pravu psihozu. Neki misle da je takva strašna kriza bila zavela u psihozu i političare koji su vodili poznatu razuzdanu opstrukciju u Skupštini, i doveli do atentata. Kad je došlo do kraha bečkog Kredit Anstalt, i zatim i do novog kreditnog sistema u Americi, kako kaže jedan dobar poznavalac zagrebačkih prilika, cela je ona zemlja sa novčanim Zagrebom bila iz temelja potresena... Kratkoročni se krediti uopšte povukoše, koji su već od 1918. do 1928. bili plasirani u nesolidnu industriju, većinom na sistemu zaštitnih carina. Kad je došlo da se tuđi kapitali povlače, uzdrma se i zagrebačko bankarstvo, i zemlja dođe do katastrofe. — U ovo doba je Radić izgovorio svoje najduže govore na svojim mitinzima o balkanizmu i vizantizmu Srba. Nikad nije napao zagrebačko bankarstvo, koje je upropastilo malog sopstvenika.

Govorio je o korupciji Beograda. Međutim, danas i Hrvati uviđaju da su Srbi tu korupciju mogli naučiti samo od svojih novih sugrađana. Jer se videlo da od sviju korupcionaških afera (bar dokazanih), nije bila nijedna ravna korupcionaškoj aferi trgovine sa uložnim knjižicama Prve Hrvatske Štedionice, najvećeg novčanog zavoda u Jugoslaviji. Ta banka je omogućila da čitava jedna organizacija buržoaskih profitera kupuje od neukih ulagača uložne knjižice za 30% do 40% njihove nominalne vrednosti, i da ih preprodaju za 60% do 70%, a katkad i 90% nominale. Tako su malim ulagačima iz varošica i seljacima iz Radićeve stranke ukradene stotine miliona dinara, bar pola milijarde (ovako je pisao i jedan Hrvat). A mi smo u Beogradu dobro znali da je već prva diktatura, koja se zove i autoritativni režim, imobilizovala ovaj veliki hrvatski novčani zavod da bi se koristio moratorijumom. — Videli su svi Hrvati da je jedina beogradska Narodna Banka, u kojoj valjda ima i sprskog novca, i to više nego ičijeg, položila pola milijarde da spase njinu banku od katastrofe i nacionalne sramote pred celom Evropom.

Nikad Beograd nije pokazao ovakvu neukost i ovakav politički moral. Nikad se on nije protezao duže nego što je bio njegov guber. I Beogradu su iz Pešte i Beča, i pre nego Zagrebu, nuđeni ovakvi kapitali, ali ih je on odbio. Ni predratna Srbija nije znala za bankrotstva ni pogađanje sa kreditorima. Turska je doživela nekad tri bankrotstva, i toliko isto i Grčka, a Rumunija je bila uopšte izgubila kredit na svima stranama. Srbija je, naprotiv, bila svuda poznata sa svojih urednih finansija. I Jugoslavija, međutim, imala je, već odmah 2 milijarde duga (istina, polovinu ratnog Francuskoj, Engleskoj i Americi; i s ovom poslednjom regulisala otplaćivanje, a sa drugim takođe na vreme pokušavala da to isto uradi). Smatrala je da će zlatna podloga olakšati ove otplate. Nemački pisci su prvi primetili da je vrlo vešto urađeno i sa stabiliziranjem monete, bez strane pomoći, na 9,12 do 9,15 švajcarskih franaka za 100 dinara. Oni su tvrdili da naša vlada čeka samo aktivan bilans da se uvede i zlatna valuta! Od gornjeg regulisanja dugova, posle toga, bilo je mogućno očekivanje i investicionih zajmova. — Hrvatski političari nikad nisu pred Skupštinu izneli ni svoj finansijski, ni ekonomski, ni prosvetni program, nego, i kad su pravili najveće ekonomske i finansijske pogreške, oni su vapili da ih drugi pokradoše!

Jedna od retkih skretnica, iako samo naizgled, bila je politika Radićeva 1925. godine. Radić je tad učinio iznenadni obrt i okrenuo kabanicu. Pavle Radić poslanik, dao je 1925. jednu veliku i važnu izjavu u ime njihove stranke, da ona priznaje i Ustav, i jedinstvo, i monarhiju, obećavajući bratsku saradnju... Ovo je bilo vrlo uvaženo u Beogradu. Nakon skoro tri godine odsustva, njegova se stranka vraća u Skupštinu, a uskoro zatim ulazi u vladu glavom i sam Stjepan Radić. Ali ni učešće u državnom poslu sa jednim Pašićem, nije zadržalo da Radić ne održi nekoliko uvredljivih govora kao što su bili govori da će se o leđa hrvatskog seljaka razbiti žezlo Kraljevo, i da je uzvišena Kraljica nova Pompadura, što je uvredilo i skandaliziralo ceo svet.

Svako jutro je osvitala u beogradskoj štampi, uvek sklonoj skandaloznoj hronici, kiša blata iz govora koje je te godine izgovorio Radić.

Poznato je da je vlada Pašićeva zatvarala Radića, 8. januara 1925. Tada je već 8. februara 1925. došlo do novih izbora, dok se Radić još nalazio u apsu. Radić je dobio ovaj put 61 mandat (od 83 mandata koja su svega postojala), na teritoriji Hrvatske i Slavonije i Dalmacije, a zatim 9 mandata iz Bosne i Hercegovine.

Ovo se izborno telo smatralo legalno, i donelo zatim kao jedini naslednik hrvatskog Sabora (koji nije bio nikad ukinut), izvesna rešenja o kojima se u našoj štampi (zauzetom Radićevim govorima do sitnice), nije ni govorilo, a koje mi donosimo niže da se dobro zapamte:

Narodni poslanici iz Radićeve stranke doneli su rešenje da pitanje jedinstva i ujedinjenja u Jugoslaviji nije bilo doneto u hrvatskom Saboru kao jedinom kompetentnom za takva rešenja, nego je Sabor ignorisan. To je ujedinjenje donelo Hrvatsko Narodno Vijeće koje je jedno nelegalno i revolucionarno telo, i čiji zaključci ni malo ne obvezuju hrvatski narod... Prema tome, jedan novi hrvatski Sabor jednim jedinim potezom pera u stanju je da potpuno poništi akt od 1. decembra 1918.

Ovo niko nije u štampi srpskoj ni zabeležio!... Ovaj se krupni slučaj čak i prikrio od srpske javnosti!

Radićevi poslanici koji su ovako trijumfalno izišli iz izbora februara 1925, doneli su još i ovaj program svoje politike: 1) tumačenje, poštovanje i provađanje volje hrvatskog naroda; 2) puna i neograničena prava nacionalnog samoopredeljenja; 3) praktični pacifizam i čovečnost, koji se za hrvatsku zemlju mogu osigurati jedino kroz njenu organizaciju kao jedna neutralna seljačka republika.

Vođe hrvatskog seljačkog pokreta izradili su 1925. i budući Ustav neutralne seljačke hrvatske republike, u koji su Hrvati smatrali da su uneli sve principe savremene humane i pacifičke politike modernog sveta, na bazi principa hrvatske zadruge seljačke, iz kojih je potekla i većina Seljačke Stranke. Suverenitet nacije proklamiraće se kroz plebiscit na teritoriji seljačke republike! Ustavna pitanja kroz pravo inicijative i referenduma po zakonodavnim pitanjima (peticija potpisana od 100.000 punoletnih potpisnika, bila je dovoljna za plebiscit, i da budu poništeni svi dotadašnji zakoni i obaveze u vezi Hrvata i njihovog učešća u onoj državi „troimene braće").

Ovaj Radićev Ustav govori precizno o svima čovečjim pravima, koje on izrično garantuje narodu u republici: lična bezbednost, nepovredivost, ukidanje smrtne kazne, sloboda zbora i dogovora, bogoštovlja, i štampe; opšte obezbeđenje ekonomsko, prosvetno i socijalno. — Republika nije trebala da ima stajaću vojsku, nego samo odsluženje vojnog roka... Država je odgovorna moralno za napredak prosvete i ekonomskih izvora: slobode zvanja, trgovine, ukidanje carinskih tarifa. Država će specijalno brinuti o industriji, bankarstvu, kreditu itd. Neutralnost ove republike predviđa garantiju velikih sila! Nema potrebe od diplomatskih predstavništva, nego samo od konsula i kulturnih atašea...

Osnove ovog Radićevog Ustava bile su izgrađene već i pre 1925, ali gornji uspeh na izborima učinio je da se požuri i sa izvesnim novim odredbama: u principu, ustavne postavke su već bile gotove u Ustavu, a ova država je mogla biti sutradan proklamovana... (o tom Ustavu govori i dr Dinko Tomašić u gore pomenutom članku u američkom časopisu). On kaže da je Stjepan Radić već spočetka išao u Beč, London i Moskvu da zainteresuje svet za hrvatsko pitanje o nezavisnosti! I da napravi međunarodno pitanje od hrvatskog pitanja. Hrvati nisu našli odziva, pošto evropske države nisu pristale da diskutuju unutarnja pitanja pojedinih država...

Ko je kod nas znao da je Radić 1925. imao u džepu svoj gotov Ustav, i da je spremao da pored žive Jugoslavije proklamuje jednim tajnim plebiscitom svoju sopstvenu državu Hrvatsku, koju je sa nešto plebejskog humora pred samopouzdanim Beogradom nazivao bezazleno „seljačkom republikom u Jugoslaviji"! Ali „nezavisnom" republikom, pošto je ona već imala i svoj Ustav u džepu Radićevom, pored živog Ustava od 1921, koji su Srbi nazvali Vidovdanskim!

Smatrajući da je akt od 1. decembra 1918. bio samovoljni akt revolucionarnog Narodnog Vijeća, a ne kompetentnog i zakonitog Hrvatskog Sabora u Zagrebu, Hrvatska Seljačka Stranka nije nikad formalno priznala akt ujedinjenja ni državu Jugoslaviju. I zato nisu ni Radić ni Maček ozbiljno tražili federativni sistem, nego vraćanje na 1. decembar 1918, što znači poništenje akta o jedinstvu! Ovo smo hteli da naročito dokažemo u ovoj knjizi.

Nije dakle istinito ono zlonamerno tvrđenje da su Hrvati federalisti, a stoga i Srbi centralisti; nego je tačno da su jedini Srbi bili, makar i pogrešno, za zajedničku državu „troimene braće", a Hrvati samo za svoju seljačku republiku, slobodnu i nezavisnu, za koju su bili i napravili Ustav, i tražili po Evropi da ih strane sile pomognu, ali bili odbijeni. Ovaj pokret za svoju republiku, sa svojim nezavisnim Ustavom, to nije bila „republika u okviru Jugoslavije" kao što su terali šegu ovi hrvatski ustavotvorci. Zato nije ni njihova briga za federalizam u Jugoslaviji! Time su oni jasno pokazali da pošto oni onakvu državu neće (ni monarhiju, ni Beograd), sasvim prirodno neće za nju ni ginuti ako se neprijatelj javi na granici. Oni su to neprijateljima jasno i pokazali!... Tako su i beogradske režimlije trebali da znaju da: „Ave Marija, živela republika" nisu reči za smejuriju Beogradu, nego priprema za kidanje sa Beogradom.

Ovo je svaki pametan čovek mogao pogoditi i po držanju Hrvata i Slovenaca već prvih dana u Ustavotvornoj Skupštini. Zato, kažu, već godine 1919. pala je u Beogradu reč „amputacija". O tome se puno govorilo i posle toga. Pripisuju Pašiću jednu geografsku kartu sa tom „amputacijom", gde je njegova stranka predviđala za Hrvatsku samo tri hrvatske županije.

Drugu kartu takve amputacije izradili su generalštabni oficiri (Simović itd.), čija linija ide od Virovitice do na blizu Siska, i odande na Unu, odakle linija silazi ka moru, da svrši nešto severno od Šibenika. — Zato mi verujemo da Srbi, što su sve dalje išli od Pašićeve smrti, a zatim Kraljeve, sve su većma padali u ruke političkih spekulanata i diletanata, i najzad izgubili svoj put. Nikad inače srpski narod ne bi zadržavao u zajedničkoj kući hrvatski narod koji iskreno nije želio nikakvu zajednicu. A ovo stanje srpski narod ne bi ni odugovlačio, tim manje što odlaskom Hrvata i Slovenaca iz te zajedničke kuće, Srbi ne bi ništa izgubili, nego sasvim protivno.

Naši režimski nevaljalci i ignoranti su se koristili ugušenjem slobodne štampe, i jednim podlim Presbiroom, da sve sakriju i od naroda i od naših prijatelja u demokratskim državama, što je nanelo najveću štetu moralnim zaslugama Srbije iz 1914-1918.

VI

DR ANTE TRUMBIĆ, DIPLOMAT

Dr Ante Trumbić je bio prvih godina Jugoslavije, i posle Radića, najveći protivnik Vidovdanskog Ustava od 1921, dok nije najzad autoritativni režim poverovao da će spasti državu ako smakne njen ustav. I smaknuo ga 1929. godine.

Dr Trumbić je, pri obrazovanju prve Jugoslovenske vlade, bio uzet za njenog prvog ministra inostranih dela u kabinetu Stojana Protića čija se popustljivost prema Hrvatima videla po njegovom nacrtu Ustava, vrlo federalističkog. Ovaj su nacrt Hrvati odbili kao što će se mnogo docnije prvi baciti kamenom i na Konkordat koji je katoličkoj crkvi nudio sve odštete koje su joj učinjene u samoj monarhiji habsburškoj još od vremena Josifa II. — Trumbić je u mlađim godinama bio Starčevićanac, što čovek ostaje i dalje celog života po jednom pogledu na svet, kao što balerina ostaje balerinom i kad prođe u monahninje. Trumbić je možda od sviju Hrvata najdublje mrzeo Srbe, što dokazuje slučaj što je on među njima najvećma voleo one koji su najgori.

Njegovo učešće u politici Beograda kao prestonici nove zajedničke države, bilo je ne može biti kobnija. Moglo bi se reći da je uopšte postojala u nas jedna spoljna politika do Trumbića, a druga posle Trumbića, po lošem načinu i nedostojanstvu s kojim je vođena, istina za našu sreću ne dugo vremena. Čovek vrlo egocentričan, sa poverenjem u sebe kakvo se vidi samo kod ljudi prostačke sujete, površne učenosti, prefinjenosti junaka iz palanačkog salona, čoveka koji je u patriotizam unosio rečitost polu advokata, a polu fratra. I novinarsku redakciju i katoličku sakristiju, verujući da su Pravoslavlje i Srpstvo razlog što Hrvatska ne postaje velikom državom, a njen narod prvim narodom. Njegovo nepoverenje prema porodičnom mentalitetu među pravoslavnim narodima, koji su silazili od Arhangelska do u predgrađe Šibenika, ispunjavalo je njegov život neprikrivenim trzanjima i slutnjama.

Trumbić je bio težačko dete iz okoline Splita i školovan u Zagrebu. Ovo su mnogi od nas koji nismo prošli na ta vrata osećali u njegovom načinu mišljenja, neumerenosti u ambiciji, neumeravanju u izrazima, smelosti u primanju na sebe dužnosti koje su ga uvek premašale. On se kao težačko dete bio odmetnuo u gospodu kao što se drugi odmetnu u hajduke. Zbog ovoga se pisalo u francuskoj i engleskoj štampi o svima ljudima koji su za vreme poslednjeg rata dolazili u dodir sa državnicima londonskim ili pariškim, ali ne o Trumbiću, predstavniku južnih Slovena bivše austrougarske monarhije, kako se on predstavljao, pošto ime Hrvata nije izgledalo dovoljno poznato.

Trumbić je po našem uverenju ukazao svojim radom i predsednika Jugoslovenskog Odbora i šefa spoljne politike jednog našeg prelaznog doba, da je nova država jedna nova predrasuda, da ona nije plod herojstva nego slučaja, ni mudrosti nego tuđeg interesa, ni zajednice nacionalne nego jednog rata u kome je opasnost za opstanak udruživala i bele sa crnim i žutim, i velike sa malim i najmanjim, i narode sa velikom istorijom i kulturom sa narodima nepoznate istorije i neizvesne kulture.

Trumbić je zlovolju prema Srbima otkrivao pred strancima bez savlađivanja. Svojom akcijom borca u emigraciji škodio je sebi i kao ministru spoljne politike nove države. Talijani su naročito dobro znali ličnost ovog zadarskog poslanika iz dalmatinskog Sabora, splitskog advokata još za Austrije i dalmatinskog antiautonomaša. Zato im je on bio razgovetniji u Rapalu dolazeći preko Splita nego kakav Srbin dolazeći iz Pašićeve škole.

Za ime dr Trumbića, hrvatskog političara i prvog ministra spoljnih poslova Jugoslavije, vezana je uspomena za jedan možda najveći fijasko naše diplomatije. To je Rapalski Ugovor od 1922.

Našim prisvajanjem cele Dalmacije, Beograd je imao svoj prvi diplomatski sukob sa Italijom. Već odavna je bilo u svetu, na našu žalost, akreditirano mišljenje da će Jugoslavija, ako ikad bude ostvarena biti prirodni trabant Italije, i da će trebati s njom postupati vrlo uviđavno (kao što su zatim radili Sforca i Niti), ili nekompromisno (kao što je docnije radio Musolini). Već su godine 1904. Italija i Austrija dale garantije Albaniji za njenu nezavisnost a Albanija je bila otad probni kamen za sve odnose i planove između monarhije talijanske i carstva habsburškog. Kneza Vida je stoga isterao odande samo evropski rat. Godine 1909. i Rusija je u Rakoniđu, posle aneksije Bosne i Hercegovine, odobrila prodiranje Italije na Balkan na štetu Austrije na evropskom istoku. — Godine 1912. kad je srpska vojska sišla na Drač, Italija je sa zadovoljstvom saznala da nadvojvoda Franja Ferdinand i Konrad fon Hecendorf stoje gotovi da ponovo zauzmu Sandžak, koji je monarhija bila napustila nakon aneksije, i da proteraju Srbe iz Albanije, u čemu ih je zasmeo samo stari imperator. Ovom prilikom je Sazonov tražio od Italije da ne ometa Srbiji da na Jadranskom Moru dobije jednu luku za svoj izvoz, ali to Italija nije uradila pozivajući se na njenu gornju garantiju iz 1904. da zajedno s Austrijom brane celokupnost Albanije. Tad je i sam Sazonov rekao Caru: „Mi ne možemo ratovati zbog Drača", pošto odista umalo da tom prilikom nije došlo do rata. U Beču su se smirili tek kad je Holveg izjavio da Nemačka neće ratovati osim ako saveznici, Italija i Austro-Ugarska, budu napadnuti. Ovo je bio prvi sukob Beograda sa Rimom.

Mi smo imali 1908. godine s Italijom izvesno približavanje, kad je izvršena aneksija dotle samo okupiranih Bosne i Hercegovine, pošto su se i Srbija i Italija smatrale teško pogođene ovim nasiljem; Italija je u pogledu državnom, pošto je Dalmacija time gubila svoj neophodni hinterland, i što je habsburška monarhija još bolje usela u oblast Jadrana; a Srbija zato što su joj ponovo otete oblasti gde živi isključivo srpski narod za koji je on i vodio sve novije ratove i krvave ustanke. Ali, čim je došla Albanija ponovo 1913. u pitanje silaskom cele izbegličke naše vojske, kralja i vlade, na Drač, talijanska flota nije htela da po obavezi prevozi francusku municiju i engleska odela i hranu za stvaranje novog srpskog fronta prema Nemcima i Bugarima od Drača do Soluna. Ona je pustila da pola vojske srpske umre od zime i gladi na toj obali.

Sa ovakvim uspomenama, Srbija je videla Londonsku Konferenciju 1915. kada su saveznici, zadobijajući Italiju da uđe u rat na njihovoj strani, obećali njenoj vladi posle rata ustupanje nekih ostrva i jednog dela teritorije na dalmatinskoj obali. Tim je i sasvim otvoreno pokazano da je bilo primljeno i među našim saveznicima uverenje da je Jugoslavija mogućna samo kao trabant velike Italije, naročito zbog čisto slovenske Dalmacije, koju je ceo svet uprkos svih statistika smatrao venecijanskom zemljom, „deo svetog dela Italije”. Preko Balkana na Jegejsko more, bilo je u planu Savojske dinastije, kao nekad u doba cezara Avgusta i graditelja antičkog puta via Egnatia od Drača do Bizanta.

Već 17. decembra 1920. su Engleska, Francuska i Japan priznale naročiti interes Italije u Albaniji.

Liga naroda je 2. novembra 1922. obećala svoju zaštitu protiv napada na celokupnost Albanije. A zaslugom konferencije Ambasadora prilikom ulaska Albanije u Ligu Naroda priznato je Italiji „pravo prioriteta i predsedništva” u slučaju intervencije „za zaštitu integriteta” ove male zemlje.

Na samom završetku rata 1914-1918, pitanje između nas, buduće Jugoslavije, i Italije nalazilo se u jednoj dosta spokojnoj zavetrini. Talijanski predsednik vlade Niti, sporazumno sa Klemensom i Lojd Džordžom nudio je jedno zadovoljavajuće regulisanje budućih odnosa sa Jugoslavijom, nastojeći da se primi njegov memorandum u kojem se skoro nametala takozvana Vilsonova linija.

Naš državnik Nikola Pašić je dobro uvideo frapantnu istinu: da pitanje Dalmacije ne postoji kao posebno pitanje, nego kao deo albanskog pitanja, to jest pitanja jadranskih vrata na Otrantu; i da stoga pitanje dalmatinske obale i ostrva ne treba posmatrati ni kao pitanje nacionalno, ni imperijalističko, ni istorijsko, nego kao strategijsko, i stoga kao životno pitanje za Italiju. Ovo ni Trumbić ni ostali Hrvati nisu nikad razumeli. Trumbić, poslanik Zadra, i advokat iz Splita, bio je uveren da Dalmacija ima dva neprijatelja, Srbe koji će svojom vojskom uvek sebi praviti granice kakve budu namislili, i Italijane koje već i tako, snagom inertne mase, potiskuju Hrvate u jedan mračan ugao. On je verovao da treba biti oprezan prema onom šta Talijani nude i što Srbi od njih primaju.

Pašić je bio pristalica da se oberučke prihvati Nitijev predlog u pomenutom memorandumu. Ovo već i stoga što iza Nitijevog predloga stoji gotova saglasnost dvaju glavnih faktora Francuske i Engleske, oštrog Klemansoa i nepomirljivog Lojda Džordža, a kojima se pridružuje i Vilson. Ovaj Nitijev predlog učinila je Italija u januaru 1920. godine, u sednici sa gornjim državicama od kojih ni jedan, pripadajući pomorskim velesilama, nije bio indiferentan za rešenje Jadranskog pitanja.

Nitijev predlog je ostavljao Jugoslaviju: pola Istrije, čitavu Južnu Sloveniju (Idriju, Postojnu i Snežnik) predviđajući za gradove Rijeku i Zadar, režim slobodnih državica pod kontrolom Lige Naroda! A Zadar čak u carinskoj uniji sa Jugoslavijom!... Dovoljno je bilo da Pašić nešto htedne, a da Hrvati iz podozrenja to odmah odbiju. Njihov ondašnji najmudriji čovek i najveći Evropljanin, Trumbić se odmah odupro Pašiću, i Nitijev je predlog bio odbijen. Za srpsku diplomatiju ovo je bio jedan nezgrapan i fatalan gest jednog diletanta, provincijalca, političkog snoba, šoviniste i žurnaliste.

Beograd nije mogao naći žalosniju satisfakciju nego da samog dr Trumbića odredi da on ide i uredi pitanje granica između naše države i Italije. Ovo je bilo rešenje na prolasku preko neba jedne odista kobne zvezde. Devet meseci docnije, dr A. Trumbić zaključuje čuveni Rapalski Ugovor po kojem Jugoslavija gubi: Istru, čitavu pomenutu Južnu Sloveniju, grad Zadar, dok je Rijeka dovedena u položaj da posle kratkog vremena bude ustupljena Italiji, 1924. I tako se dogodilo ono što potpuno odgovara večitoj nabusitosti Zagreba prema večitoj pribranosti dotadašnjeg Beograda. Onaj lavovski deo koji je hteo Pašić primiti baš zato što ga je nudila sama Italija, sa svima saveznicima, odbačen je, a hrvatski prvi državnik i prvi diplomat, dr Trumbić sve to ispušta iz ruku i Rapalskim Ugovorom gubi sve tekovine rata na toj strani države. U bestidnom optuživanju Srba za njihov centralizam na početku države, Hrvati su prešli preko ove najgore usluge svojoj Dalmaciji, kad su već u Rapalu pokazali Talijani da se sa takvnm diplomatama lako prelazi preko Nitijevih i Sforcinih predloga: da im se, naprotiv, nametne ovako jedno gospodarenje potpuno u stilu nekadašnje venecijanske republike. Ali ovo nije smetalo da Trumbić i dalje ostane za Zagreb važna ličnost. Još kad je posle Rapalskog Ugovora izgubio svoj položaj ministra spoljnih poslova, i zatim, ogorčen, postao najveći neprijatelj Vidovdanskog Ustava, St. Radić ga je primio kao saradnika, a docnije dr Maček kao glavnoga savetnika. Posle smrti toga diplomate, on je među velikane hrvatskog naroda ušao kao veliki čovek. — Ali je bio već posle Rapala izgubio položaj ministra inostranih dela.

Za Srbe, koji su za Rapalski Ugovor vezivali glavno i bitno pitanje na Jadranu, Albaniju, kao vrata Balkana, ovaj Trumbićev ugovor je bio polazna tačka za sve docnije ugovore sa Italijom, koji su morali, kao posledica ovog glavnog sporazuma, biti sve gori od gorega. I svaki od njih krajnje unižavajući i opasan. Srbija je imala svoju spoljnu politiku i sa Vizantijom i sa srednjevekovnom Bugarskom, i Mađarskom, čak i sa Turskom, ali se vidi iz svakog primera da ni jednom prilikom nije urađeno nego samo ono što je bilo neodoljivo neizbežno, u logici prilika. Ali Hrvatska koja je sama pozivala strance da okupiraju njenu državu, ili prihvate njenu autonomiju, ili da se svojevoljno odriče svoje nezavisnosti i tobožnjeg hrvatskog državnog prava, ona je u istoj logici sada Rapalskim Ugovorom ustupila svoje ponuđene najbolje granice strancima, za najgore rešenje koje im je stranac nametnuo kako je hteo. Nije čudo što su i 1941. primili rešenje koje je dolazilo od stranaca samo golom silom.

Ranije mala Srbija je vodila ratove i zaključivala mirove, i pravila mirnodobne ugovore i vojne saveze. Ja verujem da ničeg goreg nije napravila nego Jugoslavija sa dr Trumbićem ovaj rđavi i dalekosežni Rapalski Ugovor. Sa idejama o državi koje je imao Stjepan Radić, i idejama o diplomatskoj veštini koje je pokazao dr Trumbić, mogu neki naši srpski Jugosloveni koji veruju u „hrvatsku saradnju" lako zaključiti o vrednosti takve saradnje za našu državnu sigurnost.

Srbija, makar onda i mala, nepotpuna i siromašna vodila je ponekad politiku jedne kulturne i moćne države. Knez Mihajlo je zaključio savez s Crnom Gorom 1866, zatim Sporazum s komitetom bugarskih prvaka u Bukureštu 1867, zatim savez sa Grčkom avgusta te iste 1867, i s Rumunijom pakt prijateljstva 1868. U naše vreme Srbija je imala jak naslon na Rusiju i Francusku a zatim na Englesku; imala je savez Grčke i Bugarske za rat protiv Turske i oslobođenje Balkana. Zatim je čak Beograd i posle rata otrgao vremena od unutrašnjih neprijatelja da stvori saveze Malu Antantu i blok Balkanski Sporazum, protiv kojih su se Hrvati borili unutra svim mogućim sredstvima da ih kompromituju slabeći državu, dok oba saveza nisu pala u bezizlaznost i zatim u propast. Međutim, pored svih uspeha naše srpske diplomatije u borbi sa uvek jačim neprijateljem, i sa uvek vrlo nesigurnim prijateljima, trebalo je samo devet meseci diplomisanja brata Hrvata dr Trumbića da i samo Srpstvo podnese njegovim radom jedan poseban i direktan poraz: Srbi su izgubili severni deo Albanije koji je bio rezervisan za njih Nitijevim predlogom!... Ne bi bilo čudo da je Trumbić upropastio sve naše mogućnosti iz 1920. godine Nitija i Sforce, samo da upropasti srpske mogućnosti na Skadru.

Postignuvši sa našom diplomatijom sve što su hteli, gde je dr Trumbić izvesno izgledao prefinjenim Talijanima dosta bizaran sabesednik, Talijani su lako krenuli dalje istim putem. Kao prirodna posledica Rapalskog Ugovora dr Trumbićevog, došao je zatim i „Rimski ugovor" od 1924. kojim je ukinuta tzv. „Slobodna država Rijeka", koja je kao obična talijanska spletka formirana pomenutim Rapalskim Ugovorom, i posle kojeg je dovedena u bezizlazan položaj ekonomska nezavisnost Severo-Zapadne Dalmacije. U istoj atmosferi Rapala, potpisane su i Neptunske Konvencije 1925. kojim se daje pristanak Talijanima da se useljavaju na našu teritoriju, i pravo da na njoj nađu zaposlenja... Najzad je došlo, da zadobivši Rijeku 1925. na severu, Italija na jugu objavljuje svetu svoj „Tiranski pakt" 1926. godine i pretvara Albaniju u svoju koloniju, i kojim iz osnova ruši ravnotežu na Jadranu na našu štetu, i stvara opasnost za stožer naše politike na liniji Morava-Vardar. Tiranski pakt je presekao našoj državi njenu venu kucavicu, pošto je njime prvi put minirana politika „Balkan balkanskim narodima". Musolini je ovim paktom postigao jedan od najsjajnijih uspeha koji je ikad postigla jedna diplomatija, pošto su ovim Talijani ušli na Balkan kao u svoju kuću. Italija „Tiranskim paktom" zaključenim između Italije i Albanije 27. nov. 1926. dobija pravo „aktivne kontrole nad pravom albanske nezavisnosti" nasuprot „beogradskim smicalicama", što se odmah smatralo da Albanija postaje koncentracioni prostor protiv Jugoslavije.

Ovo je prirodno bacilo u veliku brigu Beograd, makar što je uvek dobro znao da posle Rapalskog poraza na severu mora logici iste politike, doći i do sličnog poraza na jugu. Ali je ipak Beograd bio iznenađen preciznošću ove logike i brzinom ovog postupka. Ovo tim više što su se Jugoslavija i Italija bile sporazumele da se o ugovorima koje bi one želele zaključiti, međusobno prethodno izveštavaju, što, međutim, Rim ovom prilikom nije učinio. Ahmet Zogu, kojeg je Beograd bio o svom novcu omogućio da dođe na vlast u Albaniji, nije više bio klijent naše države, nego se prodao za skuplji novac Italiji, i naročito se osilio kad je iz Albanije proterao svog protivnika Fana Nolija, koji će ipak i sam potražiti pribežište u Italiji.

Rapalski ugovor i katastrofa na severu Jadrana, dali su Italiji jasnu sliku o moralnom stanju među trojicom braće u Jugoslaviji. Italija je bila najbolje obaveštena od naših unutrašnjih neprijatelja sa njihovom politikom s oba Rima, koliko je mnogo trulog u toj Danskoj koje su se ranije plašili svi susedi kad se zvala malom državom. Koristeći se vremenom kad su kod nas lomili koplja razni bukači, Italija je raširila svoju propagandu na obe obale Jadrana. Njeno pristanište Bari osnivanjem univerziteta ustanovilo je bogate stipendije za balkanske studente. Italija je uglavnom skoncentrisala svu svoju pažnju na našu kuću koja je rušena sopstvenim rukama onih koji su je tobož gradili za vekove. Zauzevši Rijeku, Italija je već 27. jan. 1924. sa Jugoslavijom zaključila „pakt o prijateljstvu" a zadobijajući Albaniju, Italija je već tražila od Bugarske da takav isti pakt o prijateljstvu zaključi s Albanijom. Talijanski „Drang nah Osten", koji se sad zvao penetration pacifique, bio je iz Rima krenut vrlo vešto, ali i vrlo lako. Nezavisnost Albanije od Rima i Beograda podjednako, kojim je Tiranski Pakt doneo novo stanje stvari, dao je u ruke Musolinija sve ključeve Balkana.

Da je Jugoslavija bila kraljevina Srbija sa slobodnim rukama od unutrašnjeg neprijatelja, nikad Italija ne bi smela pokušati što je uradila. Nikad Srbija, ne bi mirno primila ovaj udarac. Italija je u ovom ratu pošla bila na Solun i ne bi se zadržala do pod Carigrad da hrabra grčka vojska nije razbila njihove kolone na putu via Egnatia njihovih predaka. Ono što nije uspeo da uradi herojski srpski narod, uradila je slavna i večna Grčka, koja u skoroj istoriji nije imala naš Rapalski Ugovor ni u zemlji imala Trojanskog konja.

Italija je već od 1918. shvatila da je njen životni interes bio u tome da postepeno zaokružuje državu kralja Aleksandra, i ona je to radila u jednom pravcu koji nije poznavao ni prekidanja ni zamora. Sa Tiranskim paktom između Rima i Drača, obruč je bio dovršen. Međutim, treba znati da je dve-tri godine docnije Italija ipak predlagala da sa Jugoslavijom i Grčkom podeli Albaniju: sever, koji je katolički, ustupan je Jugoslaviji; jug, koji je pretežno pravoslavni, davala je Grčkoj; a centar, koji je sav muslimanski, zadržavali su Italijani za sebe. Beograd nije smatrao da dobija Skadrom toliko koliko gubi balkanska njegova politika videći Talijane u Draču sa njenom saglasnošću. I odbio je ovaj pazar. Onda je ostao i praznih ruku. Ali je izvesno Beograd gledao ovde u dalji vidik, s onu stranu politike fašizma i njegovih momentalnih uspeha. Tako se moralo sve ostaviti da se možda u albansku stvar umešaju neke od velikih prijateljskih sila. Ali ovo nije učinjeno. Engleska koja je sprečila Talijane u njihovoj avanturi na Krf, nije ih sprečila u ovoj mnogo opasnijoj avanturi u Albaniji. Nemci su pokušali da intrigiraju govoreći da Englezi nisu učinili svoj prepad u Italiji, čak bez prethodnog znanja Engleske. A kad je Nemačka zauzela Čehoslovačku 1938. godine, Italija je proglasila Albaniju delom svoje imperije, i svoga imperatora kraljem zemlje Skenderbegove, ali ovaj put, izvesno, i bez obzira na Englesku.

Italija je posle Tiranskog pakta, u Albaniji, kao u svojoj koloniji napravila investicije navjećeg mogućeg stepena. Osnovana je nakon ulaska Albanije u Ligu Naroda 1925. u Rimu Albanska Narodna Banka sa lavovskim delom talijanskih udeonica i talijanskim predsedništvom, koja je razvila albansku spoljnu trgovinu, podizanje velikih magacina, u primorskim lukama, tako da je Italija u tom berićetu bila angažovana sa 75% dok je Jugoslavija bila angažovana samo sa

3% u uvozu i izvozu one zemlje. Italija je već od početka monopolisala za sebe svu trgovinu, pomorstvo, ribarstvo, puteve, mostove, važne petroleumske koncesije, kad su američki stručnjaci tvrdili da sa talijanskim izvesnim mineralom iz Sicilije i Abruci može postati najinteresantnije tržište petroleuma u Evropi.

Beograd je znao kakva nesreća nailazi sa Tiranskim paktom. Došlo je do sukoba s Rimom, i Balugdžić je povučen iz Rima. Ministar spoljnih poslova Ninčić pao je na ovom pitanju. Bile su i neke manje vojničke demonstracije na jugu naše granice. Ali je Jugoslavija, rastrgana unutra, bila nemoćna da pokaže ijednom spoljnom neprijatelju svoj prestiž.

Trumbićeva spoljna politika bila je da se napuste zapadni prijatelji i saveznici, naročito Francuska. Ovo očevidno što nije bila obazriva prema njegovim nastojanjima kao šefa Jugoslovenskog Odbora, i Englesku, u kojoj je Lojd Džordž i odveć često pokazivao divljenje zaslugama Srbije. Trumbić je, kao svi diletanti, hteo spoljnu politiku iz osnove novu, drukču po pravcu i načinu; sasvim protivnu politici Nikole Pašića. On je jednom izneo, prema nekom nemačkom piscu, ovaj svoj lični program: „Dole sa centralističkom vladom koja je činila grešku za greškom, poraz za porazom. Treba nova orijentacija i spoljne i unutrašnje politike. Ostavljanje na stranu zapada, osobito napuštanje Francuske koja ništa nije koristila (!) i napuštanje Italije koja je napravila gvozden obruč oko Jugoslavije i ovu oštetila. Namesto toga, orijentacija prema istoku; federativno preustrojstvo države u savezu sa Bugarskom, sa kojom bi se imala stvoriti balkanska država koja bi morala održavati najtešnje odnose sa Rusijom". Trumbić hoće Veliku Balkaniju!

Pre svega, Trumbić je govorio, kao što se vidi, po Radićevom primeru, reči koje su trebale da iznenade i da izazove komentare. On nije razumeo da nije dovoljno ujedinjenje sa Bugarskom pokretati iz naše zemlje, pa da na to i Bugari pristanu, kad među njima postoji maćedonsko pitanje. Jer Bugari nisu nikad zaboravljali da su oni izašli iz rata sa Srbijom i Grčkom ne samo teško pobeđeni, nego i teško oštećeni. Ona se tim ratom videla pred ovim rezultatom.

Nikad u naše doba, osim u doba Stambolijskog, koji je bio rođen za komesara u Moskvi pre nego za političara na Balkanu, nije dolazila iz Bugarske želja o ujedinjenju. Ali, i u doba Stambolijskog je ujedinjenje sa Jugoslavijom bila jedna politika taktike, da se time reši maćedonsko pitanje u granicama naše zemlje na jednoj „bratskoj" osnovi: što bi se najpre tražile školske knjige bugarski pisane za škole u Maćedoniji. Hrvati su jedini svakom prilikom, i to prepadom, govorili o jednoj državi s Bugarima, čak i pod jednom dinastijom što je u Sofiji izazivalo negodovanje. Hrvati su o tom ujedinjenju s Bugarima hteli da se ova politika krene iz Beograda; da izazovu bugarsku dinastiju na reakciju prema našoj dinastiji. Ako li bi to uspelo, da Hrvati sa zapada, a Bugari s istoka u velikoj Jugoslaviji kao između dve čelične ploče majoriziraju i udave srpski narod... Jedini razlog što je ovaj hrvatski predlog, ovakva intriga, pokretan nešto oprezno, bilo je što Hrvati nisu nalazili i za povoljno ako bi se Bugari našli negde zajedno sa Srbima kao dva pravoslavna naroda.

Međutim, sve sugestije o velikoj slovenskoj Balkaniji, bile su za Hrvate samo prazne dosetke i antisrpske intrige da pokažu Bugarima koliko u Zagrebu žude za bugarskim pravoslavnim bratstvom.

Trumbić govori o naslonu na Rusiju, makar što je pravoslavna Rusija ono od čega oni najviše zaziru. Hrvati, kazujući se kao u doba Račkog i Štrosmajera panslavisti bar kulturno, time su samo pokušavali ne ostaviti Srbe same da svojataju Rusiju i iz tog izvuku neku korist. Kada je zaključivan Londonski pakt 1915. Hrvati su našli da Rusija želi jednu što veću pravoslavnu državu Srbiju.

Uostalom, kad je Trumbić dao onako neuki predlog za Rusiju, to nije moglo biti ozbiljno i stoga što je Rusija u ono vreme već bila boljševistička dakle na sasvim neslovenskom terenu, i zavađena s celim svetom. Trumbić, kao i Radić, i ostali državnici zagrebački, pokazali su Srbima koliko bi bilo ludo poći putem koji su oni preporučivali. Beograd nije sve do smrti Kralja Aleksandra uzimao ozbiljno njihove predloge, ali je već posle njega naša i spoljna i unutrašnja politika pošla kao barka niz vodu koja je izgubila svoja vesla. Teško je pomutiti pamet jednog čoveka, ali je lako pomutiti pamet jednog naroda.

VII

DR ANTON KOROŠEC, DRŽAVNIK

Kao nekad biskup Štrosmajer, poreklom Nemac iz Oseka, ili kanonik dr Frano Rački, Slovenac iz Rača, i dr Korošec je nosio sobom srce borca i dušu sveštenika. Krst i mač zajedno. Ali se može reći i da je od 1918. do 1930. nosio u sebi i pamet dobrog račundžije i okretnog trgovca. Hrvati su mu prebacivali da je lovio u mutnoj vodi srpsko-hrvatskih loših odnosa, što ne bi smetalo da Korošec bude i mnogo bolji slovenski patriot nego jugoslovenski građanin. Kao katolički sveštenik, on je bio prirodno vezan većma za svoj crkveni toranj, nego za široki vidik državni i idealizam sveslovenski. On je predstavljao praktično hrišćanstvo i dogmatički komercijalizam.

Međutim, u njegovom slučaju niko ne bi drukče postupio. Korošec je bio iz male zemlje i sa malim namerama. Srbi nisu Korošcu prigovarali za njegov odveć vidan lokalni patriotizam i stalno zbrinjavanje slovenačkih domaćih briga: sveštenici su u politici uvek utilitarci.

U državu Jugoslaviju, veliku 249.000 kvadratnih kilometara, Slovenačka je ušla sa svega 18.000 kvadratnih kilometara; a to je trinaesti deo od cele površine. Jugoslavija je imala 15 miliona stanovnika, a Slovenačka je prema tome stajala sa svojih jedva milion duša; a to znači i petnaesti deo naroda u toj državi. Pa ipak i sa tom 1/13 zemljišta, i 1/13 naroda, Korošec je uspeo da bez kvote, kojom se u habsburškoj monarhiji određivao državljanima udeo u opštim beneficijama, Slovenačka, naprotiv, postavila je sebe u Jugoslaviji kao jednak ostalima drugim dvama od jugoslovenskih plemena i njihovog zemljišta.

Da su Slovenci i Hrvati ostali izvan našeg okvira posle rata, kao što se moglo dogoditi da je to samo Srbija od saveznika zahtevala, one bi zatim podnele iste posledice kakve i druge pokrajine dva pobeđena carstva: plaćale bi ratne reparacije, podneli katastrofu jedne propale monete itd. Kao Austrija prvih godina, one bi gladovale; ili kao Mađarska iz doba Bele Kuna, one bi potonule u boljševizmu i podnele revoluciju. Vezujući se za Srbiju one su bez obzira na svoju austrijsku krivicu među saveznicima izišle kao da su bili njihovi prijatelji... Bez obzira na svoj doprinos u novoj državi, one su odmah htele ravnopravnost, koju Hrvatska nije imala nakon Nagodbe 1868. u monarhiji habsburškoj. Obadve ove zemlje su se, pored ostalog, isprsile u Beogradu već prvog dana kao austrijski vojnici, puni prkosa, Korošec izjavljujući da je republikanac, a Radić federalista. Ovaj traži da Hrvatskom vlada hrvatski ban, a Srbijom srpski kralj, tražeći za Slovenačku da njome vlada slovenački prezident. Radić nudi Bugarskoj srpsku Maćedoniju i poziva Čehoslovačku da Slo-vačku vrati majci Mađarskoj. Samo da izazovu pažnju na sebe, da se dopadnu našim neprijateljima, da unesu što više nereda i rasula. Međutim, one su bez ove gordeljivosti prihvatile, i brzo požurile da država promeni njihovu propalu monetu u velikodušnoj razmeni 1:3, i koristile su se ratnim reparacijama Srbije, gde su i oni ranije rušili i palili s Austrijom zajedno. Tom prilikom je izbila prva i velika korupcionaška afera: oni su menjali vagonima krijumčarene bank-note iz Beča i iz Pešte.

Slovenija je snabdevala veliki deo srpskih zemalja svojim činovništvom i radništvom, tako da nije u jedno vreme ostao ni pedao administrativnog terena na kojem se nije video Slovenac činovnik. U 1942, londonska vlada je postavila u Kanadi poslanika Slovenca, ne svakako na želju Kanađana, koji dobro znaju da je Slovenija primila u Ljubljani neprijatelja sa slovenačkom muzikom, a peti dan posle bombardovanja Beograda (13. aprila) proglasila svoju nezavisnost, makar što neprijatelji na to nisu pristali nego Slovenačku podelili. Drugi je ministar nekakav monsinjor Kuhar kojeg su postavili pri izbegloj vladi Poljske, kao da Beograd nema nikakvih namera u budućoj Varšavi.

Dr Ante Korošec je imao već od prvog dana svoje pojave u Beogradu prestiž uvek dostojan, koji nije ni docnije bio diskutovan. Ironični i često cinični Beograd nikad nije imao za njega ni jednu oporu reč. On je počeo ministrovati čim mu se to ponudilo, početkom državnog života, zatim u kabinetu Pašića, Davidovića, Uzunovića, Srškića i drugih. Njega smo videli i u „tvrdom gradu", vlade Vukićevića. I u prvoj diktaturi Pere Živkovića. A kad se bilo natuštilo iz oba Rima, on napusti diktaturu i 1932. pređe u odmetnike. Korošec je bio uvek samo oportunist. Bio je uvek i prvi savetnik Krune, donekle član kamarile, i Eminence grise u jedno vreme. Na svima raskršćima koja su bila u zavetrini, Korošec je dolazio na vladu sa izgledom da spasava situaciju. Bio je ministar železnica, ministar policije, ministar socijalne politike (koje je Ministarstvo on i osnovao), i predsednik vlade. Smatrao se stručnjakom za sve stvari. Uostalom, na ovo se i nije gledalo: odavna su onoj zemlji ministri postavljani iz obzira prema stranci, a ne prema vladi i stručnom portfelju; zbog ovog su inžinjeri i advokati postavljani za ministre prosvete, a profesori gramatike u ministarstvo građevina, i diplomati u ministarstvo trgovine, a sveštenici u ministarstvo policije.

Korošec, kao šef Slovenačke, a ne samo svoje slovenačke ljudske stranke, smatran je bio među Srbima kao državnik, a ne samo kao političar; to jest čovek koji je stvoren za krupne linije i važne skretnice, a ne samo dubok u plitkoj vodi jednog resora. Zato je prvih godina neki Amerikanac koji je radio s Korošcem kao ministrom železnica, izneo kako je Korošec tako malo poznavao taj resor, da je tražio da se nabavi što više crvenog ulja, verujući da crvene lampe pored pruge gore crvenim uljem. Ovo naravno pokazuje američki ukus za stručnost, više nego Koroščevo neznanje u onom čega se on kada latio.

Najistaknutiji je bio Korošec kad je, posle Jevtićevog pada, ušao u vladu trijumvirata Kneza Pavla (Stojadinović-Korošec-Spaho). Mi verujemo da je u ovo vreme Korošec bio dvorski čovek i Eminence grise. Ova je vlada bila do onog vremena najgora vlada u pogledu duhovnom i načelnom. Ona je u pogledu spoljne politike bila fatalna, čak i sramna, praveći pri kraju servilne istupe prema Italiji, izdajničke kompromise prema Nemačkoj, veze sumnjive sa Kjoseivanovim, neočekivano i zagonetno, da je tad nepoverenje Turske i Rumunije onemogućilo dalji Balkanski Savez, što je vlada želela.

Kad je posle kratke državničke karijere Jevtićeve i nakon izbora 1935. godine došlo do pregrupisavanja ili zapravo novog formiranja naših političkih stranaka, potpuno bez uticaja i bez ugleda, formirana je i stranka Jugoslovenske radikalne zajednice, Jereze, koja je u tri godine promenila tri svoja šefa, samo pod cenu da njeni poslanici sačuvaju svoje mandate. Ovo je bio, mi verujemo, najveći skandal našeg parlamentarnog života. Jereza je pored Jugoslovenske Narodne Stranke, kao druga stranka ponikla u diktaturama, a ne u volji naroda. Ničeg u ovoj stranci nije bilo urađeno bez Korošca. Na beogradskoj železničkoj stanici, na povratku sa velikih Stojadinovićevih puteva u Rim i u Berlin, Korošec ga je ushićeno dočekivao na stanici, prihvatao ga u naručje, i ljubio u lice, kao velikog državnika, šefa zajedničke vlade, zajedničke Jereze. Ovo je unosilo veliki nered u narodno ocenjivanje Stojadinovićeve politike.

Konkordat, koji je Stojadinović nasledio od svog prethodnika, iznesen je pred parlamenat po savetu Korošca, koji je u ono vreme bio ministar policije, i doveo slovenačku žandarmeriju da čuva red u Beogradu. Ovo Korošca pokazuje ili lošim političarem ili zlonamernim drugom. Konkordat koji je Katoličkoj Crkvi davao prava, koja nijedna druga od ravnopravnih crkava nije imala (naročito obećanje povratka imanja koja su još oduzeta za Marije Terezije i Josifa II), u drugoj polovini XVIII veka, zamalo što nije izazvao revoluciju. Stojadinovićevi odnosi sa Geringom nisu se mogli ni zamisliti bez sporazuma sa starim vernim službenikom bečkog dvora, kapelanom Koroščem.

Niko se ovog ne seća kada optužuje politiku Stojadinovićevu kao ozloglašenog tvorca našeg fašizma („sivih košulja" i rimskog pozdrava rukom koje su već u provinciji bile oprobane) da baci odgovornost i na njegova dva glavna druga u vladi.

Jedini naš državnik koji je imao i svoju ličnu vladu i svoju posebnu diktaturu, dr Ante Korošec, nije bio nikad optužen za takav cinizam državnika koji se otvoreno, služeći se diktaturom, kazivao republikancem! On je, kao član prve diktature (odnosno autoritativne vlade kralja Aleksandra), prirodno bio i jedan od njenih arhitekta 1929, a 1938. pravio izborni savez u korist Mačeka! On je i 1932. bio za vraćanje na 1. decembar 1918, a zatim jedan od tvoraca u Kupincu, godine 1939, Mačekove države Banovine Hrvatske.

Slično će postupiti 1941. godine i njegov naslednik u šefstvu stranke dr Mijo Krek. Ovaj je 25. marta 1941. kao ministar glasao za Tripartitni Pakt za saradnju Jugoslavije sa osovinom protiv demokracija, a zatim 27. marta 1941. pristao na odbijanje ovog pravca i za solidarnost sa silama demokratskim! Danas je cela Slovenačka za nezavisnost pod silama osovine, a dr Mijo Krek je u Londonu za nezavisnost Slovenačke u Jugoslaviji (!) pod protekcijom demokratskih sila, u slozi „troimene braće". Ovaj glavni ideolog londonske vlade, veruje da će i ovaj put, kao i 1918, zasluga srpskog naroda i prestiž njegove vojske biti dovoljno i da se stvori i slobodna Slovenačka i slobodna Hrvatska samo pomoću najgorih među Srbima.

Dr Mijo Krek je onaj isti ministar Cvetkovićevog kabineta koji je nekad optuživao Dražu Mihailovića, generalštabnog majora, zbog pismenog izveštaja koji je ovaj generalštabni oficir, bivši vojni ataše u Sofiji i u Pragu, poslao Ministarstvu vojnom u Beograd: tvrdeći da za slučaj rata država ne bi mogla računati na slovenačke trupe. Na optužbu dr Mije Kreka, slovenačkog ministra, Draža Mihailović bio je optužen i osuđen na 20 dana zatvora od Krekovog kolege, ministra vojnog, generala Milana Nedića. Osuda je izvršena pošto pukovnik Draža Mihailović nije hteo da povuče svoju tvrdnju, rekavši: „Ja neću povući svoju tvrdnju. Ali šta će biti ako ja imadnem pravo..." Zaista, slovenačka vojska se predala neprijatelju. Koliko se zna, samo je kod Kranja dala otpora. Ali tu su se borili samo Srbi.

Srbi su mogli da mnogo nauče novih načina od Radića i Korošca, ali i od njihovih zamenika, Mačeka i Kreka. Lako je bilo pretpostaviti da ako posle Mačeka, koji je ostvario plan svoga šefa, neće ni Krek izostati iza Korošca, kojeg je zamenio u šefstvu njihove stranke. Dovoljan je bio dokaz kako se njihova politika defetizma u slovenačkim masama uporno prikrivala. Dovoljan je gornji primer postupanja u slučaju danas slavnog srpskog heroja Draže, od kojeg se tražilo da taj defetizam ne otkriva.

Vratimo se na dr Korošca. Po duhu Bečlija, koliko i Sloven, on nije voleo Srbe, mrzeo Beograd, podništavao Jugoslaviju. Kao slovenački katolički sveštenik, on je našu sredinu smatrao bezbožnom; a kao čovek kulturan i uredan, smatrao je razuzdanom i pustolovnom, s kojom nikad Slovenačka nije znala gde će najzad dospeti. Slovenac, parohijan po duhu pre nego građanin i državljanin, ali oduvek vezan koliko za crkvu toliko i za državu, nije shvatao kako se narod onako lako prilagodio neustavnom stanju kad su sve slobode bile suspendovane, sva bezakonja okušana, a svi diktatori kad im se odozgo zatraži. Srbi su najzad dotle doterali da su i mnogi najbolji žalili što nisu blizu Dragiše Cvetkovića! Nikad Slovenci, baš najmanje Slovenci, mirni, pozitivni, kulturni, daroviti, nisu shvatali naš srpski narod gde se sve rešava zaverama kao u starom Bizantu: gde je trebalo imati samo carigradski garnizon, pa zatim zavladati celom Vizantijom.

Kad je dr Korošec, ne bez obzira na raspoloženje dva Rima prema autokratskom režimu od 6. jan. 1929, napustio vladu, dao je sa Mačekom Deklaraciju za vraćanje na Prvi Decembar. On se ovim potpuno odmetnuo. Najbolje se vidi politička figura dr A. Korošca kad je u Sloveniji rasturio svoje posebne „punktacije", koje su skandalizirale najbolji deo političkog društva. Ovaj slučaj predstavlja mešavinu demagoštva i makijavelizma, defetizma i jezuitizma. Korošec u tim punktacijama svom narodu izjavljuje ovo: „Ne tiče me se ni Jugoslavija, ni Srpstvo, ni Hrvatstvo. Ja poznajem samo interes slovenačkog naroda, pa ko okupi sve Slovence u jednu državu, i dadne im „en košček" autonomije, pripreman sam da mu palim tamjan, ma bio to Musolini, ili Oto Habsburg..."

Ovakav dosta nezgrapan ispad nije možda bio i bez izvesne pozadine, koju onog vremena nisu tražili dublje ljude od vlasti, dosta nemoćni i pometeni. Ali ovakav prepad, koji nije nikad napravio ni jedan naš javni čovek pre one ere, naročito je pao u oči zbog onih avansa Musoliniju i Otu Habsburškom baš u ono vreme baš kad je revizionizam mađarsko-austrijsko-bugarski bio u jeku... To je bilo i u vremenu naše ekonomske krize, koja je pustošila za toliki broj godina. Ove „punktacije" neće biti nikad izbrisane iz uspomene srpskog naroda. One su bile primer defetizma, koji je izbijao u raznim oblicima kroz puno godina, ali koji je gornja izjava istavila kao glavni spomen iz zajedničke države i „troimenog bratstva", nakon propasti te odista žalosne kuće.

Proteran u Vrnjačku Banju zbog istih punktacija, on se zatim javio bolestan, i dao demanti na svoju izjavu. Međutim, njegove punktacije su već napravile svoj utisak na slovenačku publiku, i niko nije razumeo šta je njegov vođ sad ovim demantijem pogađao.

Korošec je tražio za svoju Slovenačku ekonomsku i finansijsku nezavisnost, makar što je svako znao da Slovenija postaje sve više industrijska zemlja, naročito zbog izvoza u masama činovništva i radništva. Korošec je čak tražio da Sloveniji tu ekonomsko-finansijsku nezavisnost garantuju na svima pozicijama koje ima u osam ostalih banovina. Odgovoreno mu je da je to preterano, kao mors tua vita mea, ali se on nije nikad zadovoljio.

Da se vidi koliko je bila ta ucena države, dovoljno je istaći ovaj slučaj za Bosansku Krajinu. Ova epska pokrajina ima 1.200.000 duša, od kojih je bilo samih Srba 700.000 duša. Međutim, ceo budžet za 1938-1939 godinu za Bosansku Krajinu iznosio je 39.000.000 dinara, a za sam Univerzitet u Ljubljani budžet te godine iznosio je 28.000.000 dinara. Dr Stevan Moljević piše da je u ovoj godini bilo 118.974 dece za školovanje, ali se nisu mogli školovati ni najskromnije, zbog toga što im to nije dozvoljavao odveć ubogi budžet one njihove Vrbaske banovine. Opet napominjemo čitaocu da je Slovenačka bila samo trinaesti deo teritorije, trinaesti deo naroda u državi Jugoslaviji.

***

Danas, 1941-1942 godine, sede u londonskoj vladi dva slovenačka ministra, Krek i Snoj, a na strani od one šake našeg predsedništva imaju dva punomoćna ministra Slovenca, Cankar premešten hitno iz Argentine u Kanadu, i nekakav monsinjor Kuhar pri izbegloj vladi Poljske u Londonu. Ovaj prestiž 1/13 naše bivše zemlje i naroda „bratskog" čini da se na strani zaboravi i da je sedam dana nakon bombardovanja Beograda proglašeno u Ljubljani, 13. aprila 1941, otcepljenje Slovenačke i nezavisnost posebne države, koju ni sile osovine nisu htele priznati, nego su Slovenačku podelile.

Iz svih naših refleksija o dr A. Korošcu izlazi da je ovaj slovenački veliki čovek i državnik bio i odveć lokalni patriot i jednomišljenik Radićev: on nije nikad mislio na federaciju u Jugoslaviji, kao ni Radić, ni docnije Maček. On je verno ostao do kraja republikanac, makar ovo ne slikovalo sasvim sa katolicizmom onako ortodoksnim kao što je u njegovoj otadžbini. Korošec je bio uman čovek koji je dobro razumevao da je Jugoslavija jedna tvorevina politička a ne narodna, i da je kratkog veka, pošto su protiv nje i Hrvati i Slovenci, a ni u Srpstvu se za nju nije niko otimao ni zalagao osim srpske režimlije. Slovenci, seljaci, buržoe i klirikalci, ni Hrvati reakcionari po 700-godišnjem tamnovanju u „austrijskoj tvrđavi reakcije" nisu u ovom pogledu nikad govorili lažno. Njima nije bilo nepoznato pravo osećanje srpskih masa, makar što su Srbi poslednjih desetinu godina imali svoje političare mediokritete, sitnog kalibra, a najvećim delom i korumpirane. Zato ni Slovenci ni Hrvati nisu verovali ni da srpski narod ima veće simpatije i iluzije o Jugoslaviji nego hrvatski i slovenački narod.

Nikad za vreme 23 godine života u Slovenačkoj ni znaka priznanja srpskom narodu što se nije nikad solidarisao sa vladama posle 1934. i Kraljeve smrti. I najudaljeniji narodi na svetu su pisali knjige o srpskom narodu, herojstvu, pesništvu, srednjevekovnim spomenicima, i državotvorstvu, ali to Slovenci nisu nikad ničim istakli. Ali bar nisu ni javno klevetali na način hrvatski. Na jednoj ljubljanskoj pijaci stojao je na kamenom konju divni spomenik starog kralja Petra kao oslobodioca. Srbi su osim toga čuvali blagodarno uspomenu na stare slovenačke naučnike Frana Miklošića i Kopitara, naše velike književne prijatelje, čitali sa ljubavlju Cankara i Župančića, velike njihove pisce, pamtili da su iz Slovenije došli Ribnikari, koji su srpskom novinarstvu dali dva svetla imena i dva svetla groba u prošlom ratu. Jedan Slovenac je tvorac muzike srpske himne koja je pevana na svima bojištima u dane naše veličine, Davorin Jenko, koji je među nama i umro. Ali je dr Antun Korošec stvorio novu generaciju Slovenaca koji su, nažalost, preko Beča došli u Beograd. Stare simpatije za otadžbinu Miklošića i Kopitara, Ribnikara i Jenka, podnele su velike pozlede onim s čime smo došli u dodir u Jugoslaviji u zadnje vreme.

Da ponovo spomenemo i ovo:

Kad je god bila reč o Korošcu podvlačilo se da je on bio glavni od tvoraca Majske Deklaracije, u kojoj je na nekoliko meseci pre Krfskog Sporazuma 1917, klub jugoslovenskih poslanika u Beču izjavio javno na usta Korošca da on hoće svoju nezavisnu i slobodnu državu. Ali niko ne dodaje da je Korošec sa društvom dodao: „nezavisnu i slobodnu u okviru habsburške monarhije", bez kojih reči tu izjavu ne bi oni u Beču nikad ni izgovorili. A nikakve ideje o nezavisnosti oni nikad ni u prošlosti nisu izgovorili.

Sad pitamo: zar se po Majskoj Deklaraciji neko mogao smatrati zaslužnim za Jugoslaviju.

Korošec je u doba kad je takozvani revizionizam protiv naslednih država besnio u Evropi bio, kao što smo rekli napred, najveći revizionist, što se dobro videlo iz njegovih punktacija. Korošec nije voleo Srbe i mrzeo je Jugoslaviju. Kao političar, on je bio dogmatik i feudalni tip čoveka. Znao je da vodi jednu vladu, ali ne jednu državu. U velikoj sudbini naše zemlje, on nije ostavio za sobom vidljivog traga. Nije za četvrt veka izgovorio ni jedan ideološki govor.

Hrvati i Slovenci, ulazeći sa Srbima u zajedničku državu Jugoslaviju, doneli su među nas Srbe svoj manjinski mentalitet. Zato je njihova borba bila stalno u reakciji a ne u akciji. Zato oni nikad nisu hteli da imaju ni jednaka prava sa Srbima, nego drukčija prava. — Mi ne znamo kako je Slovenačka za tri poslednja stoleća stajala brojno po stanovništvu, ali verujemo da je njena sudbina bila slična kao u Hrvatskoj. Međutim, u zemlji Hrvatskoj gde su upravljali od godine 812. ukupno 302 hrvatska bana (sa dr Šubašićem, 303) opseg je Hrvatske padao često do očajne mere. Hrvatski istoričar Smičiklas piše: „Pod kraj XVI vijeka cijela Hrvatska i Slavonija spale su bile na puke tri županije, sa tri hiljade pereznijeh kuća, i to je bila država hrvatskijeh bana" (Smičiklas II, 105-106). A ovo pod kraj XVI stoleća, odnosi se na doba naše seobe pod Čarnojevićem! Kada uporedite samo onu gomilu Srba koje je Patrijarh preveo preko Dunava, i koja je iznosila najmanje 30.000 duša, onda možete verovati da je ovaj narod izbeglički ZA DESET PUTA prevazilazio onaj broj kuća poreskih glava koje su tad predstavljale ceo hrvatski narod...

Korošec se zato odnosio prema državi Jugoslaviji ne kao predstavnik jednog naroda, nego jedne manjinske grupe. On se kazivao republikancem, ne iz uverenja, nego iz jednog podsvesnog osećanja antagonizma prema ondašnjem gordom Beogradu: jer Korošec nije mogao biti republikanac: dolazeći iz feudalne Austrije, sagrađene na kamenu katoličke crkve, član austrijskog klira, kapelan jednog starovremenskog Dvora, stanovnik reakcionarskog i frivolnog Beča... Korošec se isticao republikancem zato da bi naškodio našoj monarhiji.

<h2 style="text-align:center">VIII</h2>

<h1 style="text-align:center">SRPSKI CENTRALIZAM</h1>

Srbi su pri stvaranju Jugoslavije bili nepokolebljivo za centralizam. I to svi Srbi po svima svojim pokrajinama u zemlji. Oni su želeli potpuno i bezuslovno i što tešnje ujedinjenje. Niko nije pomišljao da Beograd ima svoje mane, da u Beogradu nikad nisu vladali čisti Srbi i da postoji posebno Beograd, a posebno sve ostalo. Dotle se ovo nije jasno videlo kao što će se videti posle smrti Pašićeve i Kraljeve.

Tu struju centralističku u Ustavotvornoj Skupštini najbolje je predstavljao lično Nikola Pašić, vrlo puno pribojavan, krajnje strog, duboko poštovan, sa svojom velikom i zaslužnom Radikalnom strankom. „Zna Baja šta misli.” Ova naklonost za centralizam, dolazila je, uostalom, iz njegovog državnopravnog osećanja, koje je bilo nemenljivo još od početka srpskog istorijskog života, još od srednjevekovne države Raške i Zete, koje su imale svog sjaja i veličine, a zatim nemanjićske monarhije koja nikad nije bila drugo nego savršeno centralistička. Ali nikad ni autokratska, pošto su naši moćni kraljevi i carevi vladali zajedno sa svojim Saborima. Istorija već poznaje desetinu takvih samih Dušanovih Sabora, od kojih je i jedan bio na kom je proglasio sebe za imperatora Srba, Grka i Bugara, a na drugim je proglasio svoj Zakonik.

Monarhistično i centralistično osećanje Srba dolazilo je iz tradicije Crkve i domaće zadruge! Starija srpska porodica bila je jerarhična. Sva velika ostvarenja u istoriji srpski narod je postigao u svojoj centralističkoj državi: stvorio veliko carstvo koje je bezmalo zahvatilo ceo Balkan, stvorio svoje srednjevekovno slikarstvo i književnost, vojevao sa velikim vojskama, odnosio pobede. O prijateljstvo Srbije su se otimali najveći vladari, kao o prijateljstvo kralja Milutina što se otimao imperator Andronik II. Čak kad se jednom naša stara država uputila federalizmu, ona se raspala i propala, kao posle cara Uroša. Na ovo se mislilo i prilikom gradnje Ustava 1921. Zato su Hrvati mislili netačno da je Srbija centralistična što je imitirala Francusku; kao i da je Beograd stoga imitirao Pariz, koji je francuski narod napravio centrom države, na štetu svega ostalog.

Ideju centralizma u novoj državi nosili su Pašić i radikali. I centralizam i radikali davali su Hrvatima utisak da je Ustav velikosrpski. Za federalistički Protićev nacrt Ustava nisu tako mislili, ali su Hrvati i njega ovako odbili. To je dovelo dva tridesetogodišnja prijatelja Pašića i Protića, dva zaslužna državnika, do sukoba koji je trajao do kraja njihovog života. Demokratska stranka koja je sa radikalima glasala za Vidovdanski Ustav, danas je za reviziju Ustava, i decentralizaciju, i za vraćanje na 1918. Ova stranka koja je nekad imala najvećma izgled da zastupi već odavna oslabelu zaslužnu Radikalsku stranku, bila je primer cepanja među šefovima: najpre se otcepio Pribićević sa njegovom strankom, a zatim Marinković napuštajući čestitog Davidovića da bi pomogao obaranje Ustava. Docnije, 1939, bivši pribićevci, koje danas vodi Budisavljević, bili su glavni atleti u utakmici u Kupincu za Sporazum Cvetković-Maček, kojim je srpska Bosna i Hercegovina rasparčana na bazi hrvatskog državnog prava! Demokrati su se sad otcepili od svog programa kakav su imali glasajući za centralistički Ustav, da zatim taj Ustav ne čuvaju, nego da odu u federaliste!

Pašić je smatrao centralizam kao sistem koji će „braću" približiti u zajedničkoj državi, a federalizam kao sistem koji bi ih odalečio, raznim barijerama koje su uvek veće od planina i dublje od reka. Ne treba ni pomišljati da je postojao ikakav drugi razlog Pašićevog jugoslovenskog centralizma. On je verovao „profesorima" i „prečanima" da su Hrvati „začetnici jugoslovenske ideje", sa izvesnom rezervom, ali i bez dovoljno sumnje. Puno je računao na pomoć u vremenu, u iskustvu, u stvaranju zajedničkih navika. Makar što je Pašić imao najgore iskustvo sa Hrvatima u Trumbićevom Jugoslovenskom Odboru, i tako isto i sa njihovim prvim izjavama u Ustavotvornoj Skupštini. I on je podlegao dobronamernom načinu svih ostalih Srba: da se zadnja reč ostavi vremenu.

Nikola Pašić računao je da će se u Zagrebu osetiti blagodet Ustava od 1921, naročito sa upoređenjem Ustava, tužnog iskustva sa bečkim apsolutizmom ili Nagodbom iz 1868. Računao je i da neće Hrvati jedini na svetu ostati slepim pred zaslugama Srbije za ovo što su najzad dobili pravo da govore kako im je volja, i o jednoj monarhiji, i o žezlu jednog kralja, i o ugledu jedne opšte-obožavane kraljice. Aleksandar I je ušao u rat 1914. kao jugoslovenski oslobodilac i vrhovni zapovednik koji je izdao naredbu svojim trupama da pređu granicu, s tim da ih onamo čekaju Jugosloveni. U ovom smislu održavan je i program u Nišu, 6. maja 1915, pod predsedništvom Iva Ćipika, poznatog književnika i velikog Srbina iz Trogira u Dalmaciji, na kojem je učestvovalo mnogo Srba, Hrvata i Slovenaca iz Austro-Ugarske, bilo kao emigranti, bilo kao ratni zarobljenici. Hrabra srpska vojska je zatim došla, da se i na Krfu o drugom ne govori nego samo o Jugoslovenstvu. Tu je regent Aleksandar i prvi put došao u dodir s jugoslovenskim intelektualcima, koji su se zatim razišli i po savezničkim državama. London je 1915. bio pun ovih ideologa. Prestolonaslednik, odgovarajući na pozdrav Arhiepiskopa od Kenterberi, govori i „da je na čelu vojske da ostvari želju mnogih vekova, ideal ujedinjene braće". Aprila 1916. on javlja svojoj vojsci da su saveznici gotovi da nas pomognu u našoj oslobodilačkoj ulozi. — Nikad neće znati nesrećni Hrvati, niti će ikad verovati u svom podlom sumnjičenju svega što je srpsko i viteško, sa kakvom se čistotom misli i neprikosnovenim nekoristoljubljem, Srbi sa njihovim kraljem u tim momentima radili. I poslednju kap svoje krvi bio je gotov da narod i kralj Aleksandar onda dadnu za hrvatski narod, koji je samo tuđe vladare verno služio (čak i na frontu protiv Srba) i samo tuđu tiraniju zvao autonomijom, i samo uzimao najgore moralne primere od onih koji su ga u habsburškoj monarhiji smatrali poslednjim narodićem (dovoljna je uspomena godine 1790, i 1830, i 1868).

Nije tačno da se Pašić oduvek ustezao prema ujedinjenju Srba sa dva naroda katolička (sa Hrvatima koji su bili dva veka krvopije srpske, i Slovencima koje nije nikad video ni na slici). Ovo je tvrđenje naše ondašnje braće bilo apsolutno netačno. Srbi su smatrali Hrvate za bukače, večno plačevne, pritešnjene gospodarima i strancima bezobzirnim i surovim, i verovali da ih neko treba da oslobađa iz te ružne i ponižavajuće sudbine. U ovom su se Srbi gorko prevarili. — O Slovencima su Srbi uvek govorili s poštovanjem zbog njihovog velikog talenta za filologiju (zbog Frane Miklošića i Kopitara, naših prijatelja). Pašić je još 17. oktobra 1918. izjavio u „Morning Postu" da Srbija smatra za dužnost osloboditi Hrvate i Slovence (ne govoreći, međutim, o „ujedinjenju"). Stari i veliki srpski državnik je možda, i pored toga, već izvesno predosećao, šta čeka Srbiju sa novom braćom.

Nije poznato ni da je Pašić hteo, kao što su Hrvati tvrdili, jednu pravoslavnu državu. On je hteo jednu državu ujedinjenih srpskih zemalja, ostavljajući po strani hrvatske županije u kojima su oni odista bili neosporno u većini (a za ovakve je smatrao županije varaždinsku, belovarsku, križevačku i veći deo zagrebačke). Država Ujedinjenih Srpskih Zemalja, a ne samo mala Srbija ondašnja, zahtevala je široko i visoko teritorije s pogledom na naše etničko pitanje! A naše srpsko ratno pravo davalo nam je povoda da svoj problem rešimo udaranjem mača po geografskoj karti...

Pašićevo vreme je najveće od vremena Nemanjića; a on je bio čovek koji nikad nije hteo da narodno zlato menja u marjaše. Sama velika anatema nad srpskim narodom htela je da pođemo putem kojim se pošlo protivno ovom Pašićevom instinktu, i da posle nedužne tragične smrti našeg blagorodnog Kralja dođemo do docnijih državnika, biranih na ulici, iz redova najnižeg društva, ljudi najniže kulture, sumnjive rase, ozloglašenih reputacija. Ime Dragiše Cvetkovića ostaće kao najsvirepija ironija u sudbini onako velikog i darovitog naroda kakav je srpski. — Nekoliko godina koliko je još Nikola Pašić živeo u konfuziji reči i misli i defetizma Stjepana Radića, bile su dovoljne da plemeniti starac zatvori svoje velike oči sa bolom da je sve užase bio već predvideo.

Pisac ovih redova zna pozitivno da ovaj veliki žrec naše nacionalne ideje, nije tvrdoglavo verovao ni za jedan ustav (ni za belgijski), da neće jednog dana biti izložen reviziji. A nije ovo mislio ni za Ustav od 1921. Srbi su u novoj državi imali svoj prvi ustav 1838, i nisu nikad prestali da svoj ustavni život usavršavaju. Istina, ovo je bilo lako u jednoj homogenoj narodnoj celini kao srpska. U slučaju Jugoslavije, stavljen je na probu centralistički ustav, kako bi dve srpske države, unesene u ovo „bratstvo" bar bile osigurane. Ali ni ovo što je davao Protićev nacrt federalističkog Ustava, ni ono što je obećavao Pašićev centralistički Ustav, znači dva projekta izišla iz glave dvojice najboljih državnika, nisu Hrvatima i Slovencima bili manje antipatični nego što su i lično bila ova dva velika naša čoveka. Možda bi iskustvo koje bi nastupilo obojicu državnika našlo jednom gotove da se prvi, tom iskustvu docnije poduče. Ali već sam stav Hrvata u Ustavotvornoj skupštini, 1921, dao je obojici manje-više pouzdanu sliku da je ideja „ujedinjenja" i „jugoslovenstva" bila preuranjena za možda celo jedno stoleće.

***

Primeri drugih država koje su u XIX veku izvršile svoja ujedinjenja davali su malo ohrabrenja Nikoli Pašiću. Kad se Nemačka ujedinila ratovima 1870, Bizmark je hteo da sa Pruske skine oblak koji se naneo čak i srećnim ishodom tih ratova, i reši pitanje nemačkog jedinstva ne stavljajući Prusku na iskušenje. Trebalo je Bizmarkov genije, genije većeg pobedioca u miru nego u ratu, da ostavi Prusku, najveću jedinicu, netaknutu u svom prestižu, a da ostavi nemačkim saveznicima u velikom carstvu njihov ranije unutrašnji sistem nepovređen i netaknut. Ipak su nemački pisci uverenja da ni pored toga nije carstvo ostalo bez trzavica, i bez želja za potpunom autonomijom (kao Bavarska). — Međutim, već posle rata Kajzerovog, 1914-1918, javlja se želja za centralizmom, i tvorci ondašnje nemačke Republike su sasvim unitariste. Kad je došlo do razmimoilaženja između unitarista i federalista, oni su se sporazumeli da se napravi Vajmarski Ustav, pak da se tek docnije izvrši revizija. Kad je kancelar Luter napravio Društvo za obnovu Nemačke, sastavljeno od buržoaskih partija, one su se opet zadržale na unitarizmu. Ovo je društvo mislilo na neku državu nemačko-prusku (a ne da se spoje u veliku Prusku), i to samo kao prelazak ujedinjenom Rajhu. Sa ovim će pasti socijaldemokrati kao ljudi koji nisu, odista, više imali ništa novo da kažu, a doći će nacional-socijalisti. Društvo za obnovu Nemačke je, međutim, kao zbor najboljih naučnika i stručnjaka nemačkih, produbilo pitanje budućeg nemačkog sistema do sitnica. Jedino je dolazak Hitlera na čelo politike, države, vojske i nemačke ideje, onemogućio da Nemačka bude odista obnovljena, i ko zna u kakvom savršenijem obliku. — U Jugoslaviji se nije mislilo na konstituisanje ovakvog Društva, ni za sporazum za desetogodišnju reviziju. Tome nije kriv Pašić nego Radić, krive su dve različne ideje sa kojima se ušlo u novu državu. Hrvati su sve uradili da državu razore, a ne da državu usavrše...

Vidovdanski Ustav je zbačen i pogažen 6. januara 1929. godine, na navaljivanje Hrvata. Iz svega u ovoj knjizi se vidi da Ustav nije bio glavni razlog razdora i da ga nije trebalo ukinuti da bi zatim sve dalje pošlo u najboljem redu. I posle dve pune godine zbacivanja tog Ustava, Maček i Korošec u 1922. potpisuju zajedničku Deklaraciju, sa drugim zahtevom: da se poništi i sve ostalo zajedničko u odnosima između Srba i Hrvata i Slovenaca u zajedničkoj državi! Znači da se vrati na 1. decembar 1918, drugim rečima, da se vrate na polaznu tačku, poništavajući sve što se u tome jedinstvu sagradilo.

Pašić je znao da ne može ni postojati federalistički sistem nego samo u državama naročitog karaktera. Belgija i Holandija nisu imale prirodni afinitet, i nisu ostale zajedno; tako isto i Norveška i Švedska. Međutim, narodi kao talijanski i nemački bili su sposobni da ostanu posle ujedinjenja u zajednici, čak i da ostanu u potpunom centralizmu, kao Francuska. Za ovakvu uspešnu politiku zajednice, neophodno je da centar te zajednice bude sposoban da postane i stožerom centrifugalnim oko kojeg gravitiraju sve provincije, eventualne autonomije. Beograd ovo nije uspeo postati. Naprotiv, sve propagande (i nemačka, i mađarska, i boljševistička, i propaganda oba Rima) borile su se preko Zagreba protiv samog Beograda. I on je morao ići iz pogreške u pogreške sa neprijateljima i spoljnim i unutrašnjim.

Kada je 1925. Radić učinio svoj ustuk i došao u Beograd da prizna Ustav i jedinstvo i monarhiju, onda je glavni čovek u njegovoj stranci, inžinjer Košutić bio obrazovao novu stranku koja je prihvatila stare zahteve Radićeve, i čiji je program bio, u pogledu državnog sistema, potpuno za decentralizaciju, sa ciljem da se postigne konfederacija ili Savez samostalnih država, pod jednim zajedničkim Državnim Savetom i zajedničkim Ministarstvom Spoljnih poslova. Svi smo u to vreme imali utisak da je Radić bio izgubio od svoje popularnosti, skoro onako kako je Nikola Pašić bio izgubio svoju nakon Ivanjdanskog atentata. Radić se spasao samo tim što je ipak na vreme okrenuo protiv Beograda.

Kada je usled nagomilavanja bečkih i peštanskih kapitala u Zagrebu celo bankarstvo došlo u krizu, psihoza je onamo bila dostigla vrhunac. Najlakše je bilo okriviti Srbe. Sa takvim neredom u mislima, Hrvati su napravili onaj nelogični i neočekivani obrt da preko Pavla Radića naprave izjave da se odriču svih dotadašnjih metoda, i da priznaju i monarhiju, dinastiju, i jugoslovensko jedinstvo, znači i Ustav za koji ne traže više ni reviziju. U istoj psihozi su oni otpočeli posle toga opstrukciju, povratak na staru liniju, neizmerne uvrede sa komitama u Skupštini (grupi Puniše Račića, za čiji je mandat glasao sam Radić kad Srbi za njegov mandat nisu hteli glasati!). U Skupštini gde se za vreme Srbije nije čula ružna reč, ni uvreda, ni nedostojna kleveta, bez dostojne satisfakcije, pala je krv posle vrlo ružnih reči sa vrlo za ovo objašnjenje nepodudarnim ljudima. Godine 1928. poslanik Josif Predavec je rekao: „Mi ćemo otići još jednom u Beograd da se bratski rastanemo". Na nesreću, ovo se nije dogodilo. Za ovo Hrvati nisu imali hrabrosti, a za ovo nisu Srbi imali pameti. Norveška i Švedska su se rastale dok je bilo na vreme, dok nije izbio kakav sukob, da bi zatim mogli posle neuspelog spajanja, kao prijatelji zaključiti ubuduće bar ono što bude mogućno, štogod što liči na dobar savez. — Beograd i Zagreb ovo nisu učinili na vreme, i došlo je najzad do neizmernih sramota za srpski narod, a zatim i do hrvatske izdaje i pokolja, koje više niko ne može ispraviti. Hrvatska je postala najvećim neprijateljem srpskog naroda u celoj njegovoj istoriji. Što rekao Šekspir u svojoj drami lejdi Magbetovoj: „Svi mirisi Arabije ne mogu više oprati tvoje krvave ruke".

***

Poznata je latinska izreka za Austriju koja se za toliko vekova održavala brakovima svojih princeza i prinčeva: tu felix Austria nube. Hrvati, makar i nemali svojih princeza ni prinčeva, ni svoje kraljevske kuće, oni su ukrali, kao mnogo tuđih stvari, i ovu izreku i prekrojili je na izreku: tu felix Croatia nube, onako kako su posle milenijumske svečanosti mađarskoga parlamenta u Pešti i oni počeli prvi put govoriti otvoreno o svojoj hiljadugodišnjici. O ovom je hrvatskom visokom poreklu govorio i Maček u beogradskom dvoru!

I na ovoj jevtinoj legendi zidao svoju politiku, i pravio sporazum 1939, koji bi doveo do revolucije u Bosni da nije došlo do rata i propasti. Po savetu Svetozara Pribićevića Maček je, početkom 1933, puno ucenjivao Beograd, a po Zakonu o zaštiti države, bio zatvoren u svojoj custodia honesta koja ga je proslavila. Zatvoren je u internaciji u Trsteniku, i Svetozar Pribićević će zatim otići u Prag, a odande u Pariz da u parlamentarnom Odboru drži govor protiv svoje države, i dobije od naših saveznika legiju časti — od onih koji će nekoliko godina zatim upropastiti Francusku... I da u Parizu napiše jednu sramnu knjigu (po sramnoj logici i nepismenosti), o svom srpskom narodu, čak i o velikim srednjevekovnim vladaocima. — Maček, koji je uvek zastupao većma zagrebačko bankarstvo, veletrgovinu, strane bečke i peštanske kreditore, nego svoje selo, Maček, više predstavnik velike buržoazije nego svoga zemljoradnika, nije odista mogao naći boljeg savetnika od ovog brata Srbina, Svetozara Pribićevića. Ovome treba da Maček pripiše i to što je, bar po našem uverenju, lični režim Mačekov u Hrvatskoj bio teži nego lični režim Beograda.

Borba Pašića i Radića bila je bar načelna: jedan je bio Srbin sa njegovom vojničkom psihom borca, a drugi Hrvat sa njegovom psihom raspopa i hrvatskog velikog beležnika. Jedan je možda verovao u nemogućno, a drugi nije verovao ni u što. Radić se Pašića bojao bez razloga, a Radić je potcenjivao Pašića bez ograničenja. Za Pašića ništa na svetu nije izgledalo manitije nego Radićevo besedništvo i lakrdijaštvo, mlaćenje prazne slame po selima i po varošima i gubljenje skupog vremena; a Radić je smatrao Pašića ćutalicom zato što ne zna da besedi, za starovremenskog državnika koji ne zna više ni da misli, i koji bi bio bolji veliki vezir u Stambolu nego šef vlade u Beogradu.

Nije, dakle bilo ni pomisli o autonomijama, nego su ti autonomisti iz junačke borbe prešli u zakeranje, inat, ironiju bez ikakvog ukusa, i ucene bez hrabrosti. Bilo je lakše i bolje, da se jedne noći sastao kakav skrpljen Sabor u Zagrebu, i izglasao Radićev spomenuti

Ustav, i tako konačno odvojili svoju sudbinu od naše, kada to u Beogradu nije Kralj smeo učiniti od naroda, ni narod od Kralja.

Radić je svojom desetogodišnjom politikom, a Pribićević produženjem koalicije i tog programa, i najzad Maček idući tom već utrtom stazom, uspeli su da dožive da Jugoslavija bude kompromitovana i Beograd uništen. I to ne samo među neprijateljima nego i među prijateljima. Da se predstavimo kao država koja je svačija i ničija, gde je 2/3 naroda ostavljeno van ustavnih prava, zbog 1/3 koja je došla da sabotira i razorava; država bez narodnosti, bez vojske, bez patriotizma. Kako su Radić i njegovi naslednici govorili o državi, da je neko govorio tako negde o veri, niko više ne bi na tom mestu mario ni za veru, ni za crkvu, ni za Boga. Za vreme već i samog Radića, sve su kapije naše zemlje stajale otvorene pred ma kim ko bi se pojavio s vojskom na granicama. Ovo je bio rezultat razuzdanih i bezglavih političara, naročito posle smrti Kraljeve.

Pašić je utoliko više verovao da je centralistički sistem koristan i za Hrvate i Slovence i za Dalmatince, što su njihove zemlje bile najpasivnije od jugoslovenskih zemalja. Čak pasivnije i od Crne Gore, bogate šumama. Hrvatska je uglavnom zemlja industrijska, a srpske zemlje su zemljoradničke za 80%, a dobrim delom i rudarske; i zbog ovog dve su ove sfere potpuno dopunjavale jedna drugu, pošto Hrvatska svoje industrijske artikle nigde nije mogla plasirati bolje. — Sa barijerama, uvek visokim kao planine, u federalističkoj državi, ova koncentrisana saradnja izgledala je od koristi manje za Hrvate nego i za Srbe. Tako je izgledalo u doba Pašića. A za Slovence, zbog njihovog izvoza u radništvu i činovništvu, još više. Nikad u srpskom centralizmu nije bilo sebičnih namera, kao što mu se podvaljivalo! Najmanje da je taj centralizam bio velikosrpski. Srbi su toliko uvereni da niko nije ravan njihovom narodnom moralu pravoslavnom, ni njihovom viteštvu izgrađenom na narodnim eposima, da su verovali, možda i malo romantično, da nije lako napraviti Srbina veštački ni od Hrvata, ni od Slovenca, ni od Bugarina. Nikad nije ni jedno srpsko kulturno društvo imalo u svom programu prozelitizam i propagandu drugde nego među Srbima. Baš je najmanje smatrano mogućnim napraviti Srbina od Hrvata, koji su svoju glavu pravili u katoličkoj crkvi, za nas neprijateljskoj, i u bečko-peštanskoj kulturi, za nas nepristupačnoj, čak otužnoj.

Hrvati su već spočetka bili neiskreno za federalizam i otvoreno protiv centralizma, po čemu se videlo da oni nisu bili rezervisali mogućnost ni za ma koji drugi način veze sa Srbima. Ni za slučaj konfederacije, saveza između eventualnih njihovih posebnih država u budućnosti! Mi smo uvereni da su Hrvati hteli svoju nezavisnost državnu najviše zato da svoju ovakvu malu neznatnu nezavisnost povere nekom drugom, ali ne Srbima, ni u društvu Srba. Hrvati su bili uvereni da su jači od Slovenaca, jer su apsorbovali tolike velike slovenačke ljude kao što je bio i Stanko Vraz, i dr Franjo Rački, i Vladimir Vidrić, i sam dr Vladimir Maček. Sa Mađarima bi se danas nosili lakše nego ranije kad ni jedna stranka nije u Hrvatskoj imala narod za sobom. Sa Talijanima i Nemcima bi bili saveznici sa ulogom posrednika, a naročito da se sa Talijanima pogode na račun Srba, a Nemcima posluže kao pied a terre za njihovu politiku prema Istoku, protiv Rusije, Balkana, stvaranja saveza za račun ikog drugog na Dunavu ili preko Dunava.

Ne treba uzeti za dokaz da su Hrvati federalisti, decentralisti, i autonomisti, što su, 1939, napravili sa Regentstvom onu autonomiju Hrvatsku bez pitanja i jednog i drugog naroda. Ni hrvatskog naroda koji je dobio nezavisnost, bar u Beogradu, kad nije ni u Beču ni Pešti. Ni srpskog, na čiji je račun ovaj sramni pazar napravljen na račun naše srpske Bosne i Hercegovine. Autonomija i nezavisnost, „država u državi", kako je Maček tu državnu jedinicu nazvao u svom govoru već 28. avgusta 1939, napravio je Maček sa dva Cincarina beogradska, Cvetkovićem i Cincar-Markovićem (kao što je s njima zajedno potpisao i svoj ugovor Hitler u Beču, 25. marta 1941). Teoretičari ove državne jedinice (za koju su i sami rekli da sličan model ne postoji u međunarodnom pravu), bili su opet Cincari: profesor i ministar Konstantinović, a ovaj Sporazum je zatim pravno objasnio i opravdao u poluzvaničnom listu drugi Cincarin, dr Đ. Tasić).

Sporazum Cvetković-Maček je država u državi, kao što je opšte uverenje, ali u glavnom stvar intrige, akt bez logike i bez dostojanstva, ucena kad su Hrvati već znali da je Mala Antanta propala propašću Čehoslovačke, a Balkanski Savez uzdrman žalosnom slabošću Regentstva i pretnjama Nemačke. Stvaranje Hrvatske nije dokaz kako je Hrvatska oduvek radila na federalizmu, pošto to nije aranžman za takav sistem u celoj državi, nego samo u Hrvatskoj, u granicama koje je ona povukla pod ucenom i u najkritičnije doba. Hrvatska 1939, bila je nezavisna država Mačekova, kao i država 1941, što je bila nezavisna država Poglavnikova i Stepinčeva. Obe postignute tuđim poklonima!

Ovo je ono što je dobro predosećao već 1921. veliki srpski državnik držeći među dva prsta srebrnu vlas svoje brade patrijarha. On je nosio gvozdenu rukavicu u borbi s Hrvatima koji su bili onako badavadžije i odmetnici u našim najsvirepijim danima istorije. Hrvati su zaključili savez sa Cincarima koje su najviše napadali, koji su im međutim pomagali čineći da se Srbi u Srbiji nikad ne zainteresuju za Bosnu i Hercegovinu, da unesu svoju nesrpsku i nepatriotsku ironiju i za one preko Drine, kao i za „prečane” i „lale” s onu stranu Save i Dunava. U Beogradu, to je bilo jedino društvo s kojim su oni dolazili u dodir, znajući da su se uvek najgori režimi u Srbiji oslanjali na njihove usluge i pomoć, ostvarivši uvek što su hteli. Ne samo da su oni poslužili za potpis u Beču 25. marta 1941, nego i za izvršenje kapitulacije, kada je general Mihajlo Bodi položio svoj cincarski potpis na hartiju koju mu je nemački zapovednik bio podneo.

Od dana otkad je Radić sa svojim Hrvatima, za našu veliku nesreću, ušao u život srpskog naroda, za celu jednu četvrtinu veka Srpstvo je zastalo, paralizovano, u svom istorijskom i kulturnom razvitku. Da nije bilo ove užasne zablude, gde bismo danas bili? Treba se setiti onog kratkog vremena neizmerne sreće i ljubavi među građanima između turskog i bugarskog rata i austrijskog, od okolo jedva godinu dana. Zato da nije bilo praznog gubljenja vremena u uniživajućoj borbi s Hrvatima, gde bi bili danas posle četvrt veka naš napredak sela, naša nauka u Akademiji, prestiž univerziteta, reorganizacija naše crkvene administracije, moderniziranje škole, formiranje novog srpskog društva!... Bez Hrvata nikad ne bi u Srbiji došli diktatori, neustavnost, korupcija, rasulo beogradske omladine, kriza u porodici. Radić je sa svojim Hrvatima, metnuo ledeni prst na venu kucavicu da zaustavi krvotok srpskog naroda. — Da nije Radić ušao u naš život, i danas bi živeo čestiti Kralj Aleksandar, neosporno dobar vojnik. Živeo bi ministar Milorad Drašković, za koga se verovalo da će svojim prestižom biti drugi Pašić u našoj politici (ubijen u Delnicama u Hrvatskoj, još 1922, što niko nije produbio u punom, pravom, značenju). Ne bismo došli ni do 1941, kad su pored ostalih nesreća, Srbi podeljeni na dva tabora: zvanične Jugoslovene, koji svoje odmetništvo od Srpstva zaklanjaju za ovaj komotan izgovor, i dobre Srbe koji su ostali razbijeni i ostavljeni da na četničkom frontu dadnu poslednju kap srpske krvi.

DR VLATKO MAČEK I
JUGOSLAVIJA

I

Istorijska figura dr Mačeka dobila je tek 1941. svoje precizne i konačne linije. Dotle je on živeo pomalo i u legendi. Njegovi zagrebački saradnici predstavljali su ga onako kako i treba predstavljati jednog političkog šefa: više skromnog nego velikog, pošto mase obično većma i vole skromnog nego slavnog. Govorili su stoga da je Maček božji čovek, polusvetac iz Kupinaca, po duhu Tolstojevac, prijatelj niščih i obožavalac sela, dakle miroljubac i čovekoljubac. Međutim, ko od nas nije puno verovao u hrvatsku idilu, taj je, naprotiv, smatrao Mačeka čovekom od akcije, koji se nije imao vremena unositi puno u ideje humanitarca, ni nesmetano praktikovati život polusveca. Svako je znao da je Maček svoju misiju političkog vođe uzimao vrlo ozbiljno, savesno, čak i fanatično.

Istina, kao slučajni čovek, Maček je odista najmanje i sam doprineo svojoj krupnoj političkoj sudbini. Postao je šefom jednog čudnog naroda, kao ličnost dotle nepoznata, ni po svom radu u tom narodu, ni po svojim govorima na zborovima, ni po ma čemu što je bilo napisano. Skoro je izgledalo kao da zamenjuje svog prethodnika samo zato što ga nikad neće zaseniti svojim sopstvenim sjajem. — Ali je Maček bio uskoro okružen dvostrukom vrstom ljudi: polovinom njih koji su bili ekscentrični, i drugom polovinom koji su bili revolucionarni. To jest, polovinom njih koji nisu znali šta hoće, i drugom polovinom takvih koji su tražili nemogućno. Ti su ga ljudi i poneli kao planinski potok, neznano kuda. Zato se nije jasno videlo, naročito spočetka, šta je u akciji Mačekovoj bilo odista njegovo, a šta njegove takve okoline.

Međutim, ako Maček, dolazeći na šefstvo stranke, nije nametnuo toj stranci novi program ni novi princip, on joj je nametnuo bar novi način. Taj način nije dolazio iz nekog njegovog uverenja, koliko od same njegove prirode. Treba imati na umu da je Maček, što je vrlo važno za njegovu definiciju, čistokrvni Slovenac, rođen u Zagrebu. Otac mu je bio slovenački željeznički činovnik, „preglednik", u srezu Kozje, u selu Lisičje, kod varošice Pilštajn. Zbog toga je Maček ostao čisto slovenački čovek: povučen, bez isticanja, prav, pozitivan. Ali i nesugestivan, i bez spontanosti. Njegovi su mali govori čisto poslovni, znači neoduhovljeni i neideološki. Maček nije stvoren da bude heroj svoje misije, koliko mučenik svoje misije. Ali i više advokat nego mučenik; a više i oportunist, kao Slovenac, nego fanatik, kao Hrvat. — Njegova skromnost je bila samo jedna opšta crta slovenske patrijarhalne ljubavi za prostotu, a ne ličnog uverenja da su svi ljudi pred Bogom jednaki, i da su zagorski seljaci čistiji nego zagrebačka gospoda. U Zagrebu, gde svako puno govori, Maček je rado ćutao; i gde se svako ističe, on je voleo da živi u senci; i gde je svako ponešto pisao, i svako bio žurnalist, on je pisao samo svoje advokatske koncepte. Zvali su ga uvek Vlatko više nego Maček.

Razlika između njegovog prethodnika i njega, bila je skoro bitna. Zna se da je Radić bio veliki polemičar, a ne veliki političar; i snažan demagog, a ne državnik. Ovo Hrvati nisu nikad podvajali. Čovek od strasti više nego od mirnog razabiranja, Radić je morao da se Srbima obraća najvećim uvredama, da bi time zadobio zagrebačku inteligenciju. Tako je on prvi u onoj državi otvoreno i pretio Kralju u Beogradu, kako će ga jednog dana ispratiti na granicu; govorio kako je Kraljica druga Pompadura; i najzad da su svi Srbi pljačkaši, i da je država poprište svih moralnih poroka. Naravno, ovim rečima Monarhija i Kralj su bili konačno minirani u hrvatskom narodu... Taj put je već od toga momenta vodio pravo u Marselj. — Ali da bi zadobio svoju seljačku masu, on je udario demagoški i na gospodu zagrebačku; a da bi raširio teror, i izazvao još veću zabunu, nije poštedio ni hrvatsko sveštenstvo.

Međutim, dr Maček, po roditeljima čist Slovenac, imao je, sasvim obratno više zdravog smisla nego temperamenta. On je brzo otklonio mnogo takvih načina iz politike svoje stranke. Maček je bio u neku vrstu i drukčiji čovek. Radić je nekad, vraćajući se iz Moskve, gde je govorio sa Lenjinom, imao stvarno plan da svoju Seljačku stranku napravi maticom jednog velikog agrarnog projekta na slovenskom jugu, kojem bi on zatim postao Lenjinom jugoslovenskim. U ovo vreme pada i pogibija ministra Milorada Draškovića, tvorca antikomunističke „Obznane", u Delnicama u Hrvatskoj. Na svoj način, Radić je pravio i sugestije Stambolijskom u Sofiji, nudeći Bugarima srpsku Maćedoniju. Kad mu ovo nije uspelo, Radić je sa toga socijalnog polja prešao na čisto nacionalno polje, zaoštravajući do krajnje mere stari antagonizam Hrvata protiv Srba. — Međutim, Maček nije išao ovim putem dvostrukog i ovako protivurečnog osećanja: on se isti čas postavio isključivo kao šef jednog velikog nacionalnog pokreta, koji neće do kraja znati ni za kakve skretnice, niti predviđati ikakve kompromise sa svojim neprijateljima; a neprijatelj, to je bila, po Mačekovom mišljenju, sama Država.

Uostalom, Maček je već 1928. nasledio stranku potpuno pretvorenu u jedan ubojni front protiv države. Do pre nekoliko godina hrvatska masa politički neobrazovana, i na stepenu mužika, sada je bila snažno okupljena okolo te zastave mržnje. A kako su stranke protivdržavne uvek i najjače, i moralno homogene, njegova se stranka postavila kao glavna u zemlji, bar po svojoj osionosti i netrpeljivosti prema protivniku. — Makar što nije imala spočetka ni rečite ni pismene predstavnike, ubrzo su napravljeni od raznih zagrebačkih advokata i novinara, bez ikakvog političkog iskustva, manji i veći partijski vođi, svi podjednako nasrtljivi i jetki. Brzo su ponikli i autoriteti, i stručnjaci, i reputacije. A čak, kao što se obično čini pri takvim pojavama, ponikla je i politička martirologija od narodnih stradalnika za vreme beogradskih režima, koja je u masama zamenjivala i programe i principe. Sve je bilo u paradoksu, i sve terano u krajnost. Ovaj front na zapadu naše države, postojao je najzad pretnjom, i okretao ka otvorenoj revoluciji. — Radić je mrzeo intelektualce, a Maček ih je naprotiv pribirao. Ali mase, koje su oni najpre fanatizovali, toliko su vremenom postale same gospodari situacije, da su one terorizirale i svoje vođe.

U Beogradu nisu prekomerno cenili političke odlike ove velike hrvatske stranke. Već od 1918, ni jedan hrvatski šef nije dao ni svoj program finansijski, ni ekonomski, ni prosvetni, ni politički, ni vojni; a ministri u kabinetima su skoro redovno pokazivali inferiornost prema srpskim drugovima. Hrvatska Seljačka Stranka je bila nosilac jedne strasti, ali ne i jedne izrađene državne ideje, zato je do kraja i ostala više u polemici nego u politici, a što je ona smatrala jednom istom stvari.

Sav svoj uspeh za organizovanje ovog fronta, Hrvati su mogli zahvaliti tome što u Beogradu vlastodršci nisu razaznavali ni zagrebačke ljude, ni odnose među njima, ni pravi domašaj pojedinih onamošnjih pojava. U pogledu psihičkom, Zagreb je bio i ostao za Beograd dalek kao Kamčatka. — Vođi srpskog naroda u Hrvatskoj su predstavljali u Beogradu hrvatske prilike nekad kao bezopasne i prolazne, a nekad kao fatalne po državu. Oni nisu bili pravoslavni Hrvati, ali su izvesno bili Zagrepčani većma nego Beograđani. Njihova obaveštenja nisu bila sigurna, pošto su u dve periode i sami imali dva razna gledišta i dva razna pravca. Oni su nekad za vreme Austrije ostvarili bili tzv. Srpsko-hrvatsku koaliciju, čijoj se magiji nikad docnije nisu mogli oteti, i zbog čega su verovali, i to iskreno, da je samo Beograd kriv neprijateljstvu Zagreba.

Dodajte ovome da je i Beograd imao svoje sopstvene informatore o stvarima iz Zagreba, kao Mitu Dimitrijevića, Cincarina, i pisca loših pozorišnih komada, koji je bio glavna veza između prve diktature i Radića... Ovo je bilo više nego čudno. Dodajte i da su docniji informatori bili sve gori, ukoliko je diktatura postojala i sama sve lošijom. Otud se dogodilo i to što je ponekad, prilikom kakvog razdora među vođama zagrebačkim, jedina diktatura svojim pogreškama učinila da se stvari opet onamo brzo poprave! Sudila je, i čak zatvorila Mačeka, čime je i njegov ugled podigla do čitave slave. Uostalom, u ovom slučaju, i vrlo zasluženo.

II

Stranka dr Mačeka ostala je bila već od prvog momenta potpuno sama naspram diktature. Korošec i Spaho su radili sa diktaturama, ne voleći Srbe, ali ne trpeći ni Hrvate. Postajući šefom stranke, i Maček je jednog dana bio pozvan u Beograd da Kralju kaže šta želi njegova stranka. Kralj je na tom ličnom sastanku tom prilikom uzeo olovku, da tačno zabeleži Mačekove zahteve. Hrvatski šef je najpre hrabro rekao Kralju da postoje tri Državna prava u Jugoslaviji, i to najpre hrvatsko državno pravo (ili pravo na državu). Zatim je rekao da postoji i srpsko državno pravo, što je Kralj takođe zabeležio na hartiji. Kad je zapitao Mačeka koje je to treće državno pravo, Maček je odgovorio: Crnogorsko! Na ovo se kralj nasmešio, rekavši da je ovo treće državno pravo crnogorsko odista bio zaboravio, iz prostog razloga što je to pitanje bio rešio Nemanja još 1169. godine... Zatim je Kralj najzad zapitao šta da se radi s Bosnom, pošto od neko vreme Hrvati i o njoj govore. Na ovo je dr Maček odgovorio odlučno da Bosnu treba podeliti na dvoje. Kralj Aleksandar je posle ovog ostavio na sto svoju olovku, i nije više ni zapisivao ni pitao... Poznato je da je već prvih godina svoga šefstva na čelu stranke, dr Maček prevazišao u svojoj borbenosti sve što je ranije iz Zagreba urađeno.

Beograd, kojeg su Hrvati nazivali „čaršijom", ne znam zašto, sastojao se u to vreme iz dva dela: Srpske Opozicije na jednoj strani, unutrašnje potpuno dezorijentisane, bez ikakve načelne homogenosti, i Diktature, na čelu koje su u ime Kralja stajali nekoliko samih lidera pojedinih stranaka. — Srpska Opozicija, jednim velikim delom sačuvanog prestiža i neoštećenog moralnog ugleda, bila je plašljiva, nerevolucionarna, slabo pismena, a dosta i kafanska. Između beogradske vlade koja nije znala šta da radi, i Srpske Opozicije koja nije smela ništa bitno da uradi, Maček je lako našao svoj put. Srpska Opozicija za poslednjih 15 godina, bila je slabija nego ikad ranije u našoj istoriji. Ona nije ništa učinila za zemlju, ni za Kralja, ni za Hrvate, ni za tzv. jugoslovensku ideju. Bojeći se da nešto ne pokvari, najzad se bojala i da nešto pokuša. Ne smejući dejstvovati u zemlji, nije se prenela ni u inostranstvo (kao nekad ranije), i ostala je tako skrštenih belih i poštenih ruku, idući po parastosima dobrih ljudi, po vojnim revijama, po umetničkim izložbama, tek da se jave na svetlost dana. Ni jedne knjige iz njenih redova, ni jednog protestnog mitinga, ni jednog izgreda ni pobune. Vremena srpske opozicije iz doba radikalske borbe protiv samovolje Milanove, behu odista već priča daleke prošlosti. I ne htejući, ona je Mačeku davala uverenje da je njemu prepuštena cela bitka sa Diktaturom.

Dr Maček ostavljen ovako sam na areni, smatran je u jednom delu i samog inostranstva kao jedini borac protiv diktature i za demokratiju, čime je bio za neko vreme onamo cenjen, naročito u Engleskoj. Zagreb malo što nije u njihovim očima postao mala Vandeja. Da nije bilo atentata u Marselju, koji je otkrio evropskoj demokratiji prave saveznike Zagreba, on bi s tim ugledom produžio i puno dalje. — Diktatura beogradska, ne ograničavajući se da sebe smatra samo kratkim pokušajem i brzim eksperimentom, pokazala je, naprotiv, tendenciju da se ustali, kao režim jedini moguć. Diktatorske su vlasti i otvoreno progonile šefove stare srpske opozicije, podništavajući ih, terorizirajući ih, predstavljajući ih rashodovanim, tako da su se stranke rastapale, pretvarale u prašinu, i ne obnavljajući se novim snagama, pošto niko više u njih nije verovao. Što je najčudnije, vlada je smatrala da će ovim teroriziranjem starih srpskih stranaka, ne samo ukloniti Hrvatima njihove najopasnije protivnike, nego i dokazati vladinu nepristrasnost: bar jednakim načinom grubosti i tiranije prema Srbima kao i prema Hrvatima!... Dr Mačeku je ovo dobro dolazilo, naročito zbog apsolutne inercije srpskih političara među Srbima van Srbije, a iznad svega među bosanskim Muslimanima i među manjinama.

Srpska Opozicija nije puno škodila u inostranstvu beogradskoj vladi. Diktatura je i bez njenog nastojanja imala u inostranstvu loš ugled već zato što je to bio čist autokratski režim, kad su i po današnjim totalitarnim državama bili skoro režimi čiste oligarhije. Kod nas nije parlamenat ništa značio nego sprdnju; međutim, onamo, postojali su bar režimi korporativni, kao u Italiji, gde se donekle ipak održavao izvesni sistem saradnje između upravne i legislativne vlasti. Naše diktature imale su zato celo inostranstvo protiv sebe, i to sve do njihovog posletka. Pre svega, stranci su držali naše glavne vlastodršce ljudima malog kalibra, i zato sklone tiraniji i korupcionaštvu; a naročito malovarošanima slabe kulture, i policijskim duhovima u pogledu na državu. Ovo su nam otvoreno pokazali od početka i Francuzi i Englezi. — Nije to bilo ni potpuno tačno, kad se pomisli na Marinkovića, Kumanudija, Korošca, Uzunovića, Spahu, Mažuranića, i druge, koji su odista hteli da spasu državu, i bili državnici od značaja. Nesreća je bila u tom što je sam naš problem bio postavljen ne kao DRŽAVNI, nego kao NACIONALNI, problem dva naroda, koji su, skoro prirodno, jedan drugog isključivali; dva fizička tela bez kohezije, dva duhovna organizma bez afiniteta. Maček je to u svim prilikama hrabro istakao, sa jednom preciznošću koja nije ostavljala ni najmanje sumnje, bar onima koji su znali da istini gledaju u oči.

III

Srbijanci su u svojoj prošlosti znali političke borbe svih varijacija i svih mogućih ishoda i rešenja, i stoga pomišljali da jedna politička borba ne mora svršavati, kao na bojnom polju, polaganjem oružja za nečije trofeje, ni pogibijom protivničkih vojski, nego kompromisima i koncesijama. Zato je zvanični Beograd smatrao Hrvate braćom i kad su ih njegove zdrave rđave vlade zlostavljale; a državu su smatrali zajedničkim velikim dobrom i onda kad su jedni njom vladali loše, a drugi izbegavali da sami prime odgovornost, i vladaju bolje. — Uvek se očekivalo neko čudo, kao što se često događa kad ljudi najzad obnevide, izgubivši mogućnosti za dalju svoju logiku za svoju svakidašnju mudrost.

Srbijanski političari su najzad dobar broj godina verovali i da je držanje Zagreba, u osnovi, stvar šovinizma, nasleđe starčevićanskih nastupa i manija, žurnalizam verskih fanatika, a stoga borba nedovoljno ozbiljna, zato i prolazna. Za Srbijance, jedna politička stranka vodi borbu zato da bi došla na vlast, kao što se to radi i u drugim demokratskim zemljama, Engleskoj, Francuskoj, Americi; i stoga je svaka politička stranka bitno, i pre svega, buduća vladajuća stranka. Ali Hrvati takve stranke nisu imali od 1102, od njihove državne propasti, i nisu stoga ni sad išli da od svoje Radićeve stranke prave drugo nego antidržavni instrumenat. Dobro su rekli: to nije bila stranka, nego narodni pokret. Ova stranka ili pokret su bili jedna stvarna narodna revolucija za punih 20 godina. To je jedna od najdužih revolucija koje su igde postojale.

Dr Vlatko Maček je stoga, već na početku svoje karijere šefa stranke, u nešto bio duboko uveren: a to je da hrvatski narod nije ni jednog trenutka hteo Jugoslaviju, i da je uvek, i u raznim formama, izražavao svoju mržnju prema pravoslavnoj i srpskoj prestonici Beogradu. Protiv Jugoslavije beogradske, Hrvat se borio i oružjem na Drini uz Austriju, kao i stvarajući tzv. „Prevrat" u Zagrebu 1918. godine, proklamovavši svoju sopstvenu zagrebačku Jugoslaviju. Za ovu je traženo čak i priznanje ondašnjih njihovih ratnih protivnika, saveznika ratujuće Srbije. — Kad je za vreme tursko-srpskog rata 1876-1878 srpska vojska pobeđena na Đunisu, iz Zagreba su poslali na dar zlatnu sablju turskom paši, pobediocu Srba; a kad su 1885. Srbi izgubili bitku i na Slivnici s Bugarima, iz Zagreba su postupili sa takvim istim neprijateljstvom prema Srbima. Ma koliko da Srbi nisu nikad slično osećanje manifestovali prema Hrvatima, hrvatska verska mržnja, jedina budna i nepomirljiva zauvek, bila je jača od zajednice jezika, zajednice možda, odista, jedine, između ova dva i slovenska naroda i najbliža suseda. Maček je stoga bio uveren i da Hrvati neće ni docnije tražiti približenje sa Srbima, i da će sve učiniti da tadašnju Jugoslaviju onemoguće, a kad zato bude došao njen najteži trenutak da je upropaste. Maček se u ovom odista nije ni prevario, kao što se videlo 1941. godine.

Dr Maček je to svoje negativno osećanje prema državi pokazao već i pre svog dolaska za šefa Radićeve stranke. Naime, kad je 1927. dobio Radić na izborima neočekivan broj mandata, on je odmah uzviknuo da su Hrvati i Srbi „dva sveta", a Maček je tom prilikom zatražio i da se postavi kako su Hrvati i Srbi dva razna naroda. On je ovo tražio sa preciznim planom: da svako razume kako Jugoslavija nije građena na nacionalnoj zajednici, i da se prema tome ne može na toj ideji ni održati. Znači, Maček je stvarno bio prvi koji je istakao teoriju o „dva razna individualiteta", koja je dalje bila u osnovi cele njegove politike. — Maček je i u jednom svom docnijem govoru, već kao šef, tvrdio i da Srbi i Hrvati ne mogu biti jedan isti narod pošto nisu jedne iste vere ni jedne iste kulture, što je, po njegovom mišljenju, bitna stvar. Istina, dr Vlatko Maček je i pomalo neuk, i zato nije ni išao da tu svoju tvrdnju i naučno dokazuje, što bi uostalom, okrenulo protiv njega. Naime, Nemačka se sastoji od dve razne vere, ali ovim ni jedan Nemac ne pomisli da Prusi i Bavarci nisu zato podjednako dobri sinovi svog nemačkog naroda. I u Italiji su Toskana i Kalabrija dve razne kulture, pošto su Toskanci napravili Renesansu, kad su Kalabrezi bili još skoro nepismeni, ali zato su ipak danas podjednako Italijani. U Engleskoj ima 48 raznih verskih sekta, pa ipak Englezi sviju tih sekta smatraju sebe podjednako engleskim narodom. Najzad, u Francuskoj govori narod 5 raznih dijalekata, nerazumljivih jedan drugom, ali ipak se svi smatraju onamo Francuzima a ne nekim drukčim narodima... Maček je mogao navesti bolje slučaj skandinavskih naroda, koji sebe smatraju istim plemenom, čak i govore skoro istim jezikom, ali su puno ratovali među sobom za posebne države, makar i ne kao različni narodi.

Međutim, dr Mačeku nije bilo puno stalo da imadne pravo u jednoj naučnoj stvari. Pitanje da li su Srbi i Hrvati isti narod, nisu do sad nikad postavile ni jedna od naše dve Akademije nauka. Pokrenuli su to pitanje tek pre malo godina u Zagrebu, pod uticajem politike Mačekove, da se pokaže da smo dva razna naroda, makar i što govorimo jednim istim jezikom. Na žalost zagrebačke nauke, u toj velikoj grupi potpisa hrvatskih akademičara nalazio se i dr Ferdo Šišić, najbolji istoričar njihov, i čovek koji je ranije bio sasvim drugog mišljenja. — Država, to je pre svega, jedan duhovni pojam i jedna duševna tvorevina; zato ako država nije nacionalna, ona predstavlja samo jedno veliko preduzeće, ali ne i jednu državu.

IV

A kao što je dr Maček tražio već 1927, da se postavi i pitanje „o dva razna individualiteta", a zatim izneo i svoju tezu da dva naroda razne vere i razne kulture ne mogu biti jedan isti narod, on je malo godina zatim ponovno s tim istim pitanjem izišao, još i kategoričnije. To je bilo kad je Maček u svojim punktacijama, novembra 1932. iz tamnice, tražio da Hrvatsko Narodno Zastupstvo zahteva povratak Hrvata u državi Jugoslaviji, na stanje od 1. decembra 1918. godine. Ovo je značilo da se ceo problem vrati na ono mesto odakle bi najlakše i najotvorenije istakao ideju da država Jugoslavija nije ponikla iz jedne zajedničke nacionalne ideje, pošto to jedinstvo ne postoji, i da, prema tome, Jugoslavija postoji na zabludi. A to znači na nasilju, posle kojeg Hrvatima pripada pravo samoopredeljenja na osnovi plebiscita. — Proklamovanje narodnog jedinstva i takve narodne države, izvršeno u Beogradu na Terazijama 1. dec. 1918, nije, dakle, bilo delo narodne volje Hrvata, nego delo samovolje nekoliko ljudi bez veze sa hrvatskim narodom, čije oni nisu bili ni partijske, ni uopšte ikakve vođe.

Uzgred rečeno, Maček je ovako prvi razbratio dva naroda, Srbe i Hrvate; i to kao Slovenac, kojem je to stoga možda i lakše išlo. Bez sumnje, da su živeli veliki naučnici slovenački, Kopitar i Miklošić, možda se ne bi i sami otimali o ovakvu tezu dr Mačeka. Međutim, ako ista teza nije izlazila iz pozitivne nauke, ona je nesumljivo izlazila iz jedne jasne ideje Mačekove o tom šta hrvatski narod želi, i šta je i dr Maček uvek otvoreno želeo; i onda kad se to njegovo gledište na Jugoslaviju na jednoj strani nije razumevalo, na drugoj strani zlo razumevalo, a na trećoj strani i zlonamerno prikrivalo.

Ali da su i beogradske diktature i ceo srpski narod stalno želeli državnu zajednicu sa Hrvatima, to se najbolje pokazalo za vreme naših poslednjih skupštinskih izbora. Srpska ujedinjena Opozicija pozvala je tom prilikom Mačeka da bude nosilac liste cele udružene opozicije, s jednog kraja na drugi kraj države, bez razlike imena i vera. Maček je ovu ponudu primio, i izašao sa izbora pobedilac kakav izvesno bez toga ne bi izišao: sav pozlaćen kao triumfator na Lepantu!... Ali je to loše vratio svojim prijateljima već sutradan, okrenuvši svima leđa. Maček je ostao sa svim mandatima u Zagrebu, a ne došavši u Skupštinu, gde nije nikad ni mislio otići. Prema Srpskoj

Opoziciji se odnosio posle toga kao prema nečem što stvarno ništa ne znači. Posle je neke od njih primao u Kupincu kod sebe (kao Kuršid-paša nekad na Drini knez Miloša: primajući pred noge njegov „ceo silav oružja"...). Ovo je bilo u sramno doba kada se zaključivao Sporazum Cvetković-Maček od 26. avgusta 1939. godine.

Zar ima nekog ko ne priznaje da je dr Maček ovaj put, nakon pobede na izborima, bio najiskreniji prema Beogradu i Srbima: dokazujući da njegov narod nije išao na izbore da bi zatim došao u Beograd da vlada Jugoslavijom, nego jedino zato da bi pokazao celom svetu, u zemlji i u inostranstvu, da on neće, ovako pobednički ujedinjen, ništa više sa Beogradom, Srbima, Monarhijom, Pravoslavcima! Nego da želi „lom sa tom državom". Njegovi drugovi, narodni hrvatski poslanici, nisu se ustezali da od sebe odbace i bogate dijurne, koje jedan parlamenat daje za one što u njemu zasedaju. Ovo je čak bilo nešto što je iznenadilo ostali svet, kao znak najbolje stranačke discipline i neospornog patriotizma.

Pored svih ovakvih drastičnih primera od strane Mačeka i njegovog ličnog pokušavanja da se najzad razume prava želja šta Zagreb hoće, našlo se sveta kojem je išlo u račun da ovo uvek izvrće, prikriva i izobličuje, predstavljajući dr Mačeka, naprotiv, prijateljem narodnog jedinstva i zajedničke države Jugoslavije. Pošto se na ovim lažima i danas zida u nekim krugovima, mi verujemo da je trenutak da se sve ovo kaže jasno na adresu onima kojih se ovo naročito tiče. Samo dr Maček je u svojoj borbi bio uvek pošten čovek, zato što je uvek bio naš iskren neprijatelj.

V

Dr Maček, kao i Radić, dobri demagozi, znali su da je često narodu više stalo do jedne dobre lozinke nego i do najboljih beseda. Tako je prvi operisao lozinkom „Ave Marija — živela Republika", drugi lozinkom „Hrvatska puška na hrvatskom ramenu, a hrvatski dinar u hrvatskom džepu”. To je hrvatskom seljaku predstavljalo jasan program šta se hoće. Srbijanski političari nikad nisu znali za snagu takvih definicija. — „Ave Marija”, značilo je grupisanje oko katoličanstva; „Živela republika”, značilo je kidanje sa lojalnošću prema srpskoj monarhiji. Zatim „Hrvatska puška o hrvatskom ramenu”, značila je opomena vojsci da ona znadne kako pripada svom hrvatstvu a ne svom monarhu. A, najzad, ono „Hrvatski dinar u hrvatskom džepu”, nije značilo samo da taj dinar drugi drže u džepu svome, nego da seljak bude spreman i otkazati „plaćanje poreze državi, kad to bude trebalo”.

Ovo nije shvatio Beograd koji mnoge stvari okreće na „komendiju” kad mu izgledaju naivne, a srpski vođi iz Hrvatske to im nisu objašnjavali, kriveći za svu nesreću samo Beograd.

Dokle je ovo poslednje bilo došlo, dokazuje fakat da je jedan od tih šefova otvoreno tvrdio kako su oni hteli, i sami, čak nastojali, zaključenje takvog Sporazuma Cvetković-Maček od 26. avg. 1939, zato što ostavlja više Srba pod Hrvatskom! Znači bez obzira što ostavlja tako više Srba izvan svoje matice, i, posle Oslobođenja, opet u nečije ropstvo. Nemojte ni pomišljati da su ovi patrioti hteli zatim tražiti svoju srpsku autonomiju u Hrvatskoj, imajući na to sva prava kad je posredi milion i po Srba u Šubašićevoj „državi u državi”. Za njih je bio dovoljan trijumf imati svog podbana, Ivkovića, zeta slovenačkog. — Dodajmo ovde da operisanje sa lozinkama, o kojima smo gore govorili, dolazi iz daljeg. Starčević je izbacio nekad svoje lozinke „Za Srbe sekiru” i „Srbe o vrbe”, a poznato je koliko su one jada i sramote napravile onamošnjim Srbima.

Svakako, hrvatski vođi, a Maček naročito, nisu nikad držali Beograd u iluzijama kako oni žele bratimljenje sa Srbima. Ni da žele Jugoslaviju osnovanu na tobožnjem narodnom jedinstvu. Da je neko čestitao Mačeku novu godinu kao dobrom Jugoslavenu, on bi se smatrao uvređenim. Od atentata u Delnicama, do Marselja, val mržnje je išao kao poplava. Maček nije strancima napadao diktature, koliko srpski narod, vizantijski i balkanski, koji zlostavlja prefinjeni narod hrvatski i zapadnjački. Preko katoličkog sveta, tim rečima je rušen ugled slavne Srbije, i sve njene ratom postignute moralne tekovine. Prema formuli Kominterne: ako hoćeš uništenje neke države, ubij i upravljaj sve autoritete... tako je došla i zagrebačka povika: Opljačkaše nas Srbi! Držite lopova! Došlo je i da hrvatski hoteli u Primorju nisu izdavali sobe srpskim porodicama, ni čašu piva Srbinu za stolom u kavani, dok su Hrvati u Beogradu živeli kao na svom poljskom imanju. Onamo ih se bilo doselilo 30.000. Po Košutnjaku su delili srpskoj deci ikonice svetog Antuna, krstiće svetog Franje, i brojanice svete Klare... Župnici su pohodili Srbe bolesnike i kad ih ovi nisu očekivali...

Naši bedni režimi, da bi se održavali, ugušivali su svaki glas o svemu ovom u srpskoj štampi. Zar bi Srbi onog Draže Mihailovića, podnosili ove ustaške pogrde da ih nisu pomagali naši režimski nevaljalci. Ali zar bi val mržnje protiv Srba uzeo bio ovako obesne forme, da nije to bilo u politici onih koji su bili na čelu hrvatskih masa! Što gore, to bolje, mislili su oni. Odista, da je pola naroda u Velikoj Britaniji radilo, a pola sabotiralo, i ona bi propala. A ovakav način borbe otrovom, klevetom i lažju, doveo je i do izdajstva na frontu i do klanja od Like do Trebinja.

Maček je govorio Beogradu kabalistički i sibilski: Slobodna Hrvatska u okviru Jugoslavije!... Slobodna Hrvatska sa narodnom dinastijom Karađorđevića!... Ali naši režimi nisu znali te jeroglife zagrebačke. Jer slobodna Hrvatska, to je lom sa nacionalnim jedin-stvom, glavnom smetnjom u principu. A narodna dinastija, u ustima naroda koji je bez protesta primio atentat u Marselju, zna se šta je značilo. Prvi slobodni Sabor slobodne Hrvatske kazao bi svoju reč, samo kad bi do njega došlo.

Kakve se nove kombinacije prave i danas u emigraciji, s narodom koji izdaje na frontu svog Kralja, prelazi u vojsku jednog gangstera, kolje po svojoj državi svoje sugrađane, obara njihove crkve i oltare, i silom preverava iz svetog pravoslavlja decu i žene našeg velikog i slavnog plemena? Ko posle ovog sme tvrditi da Maček želi Jugoslaviju i jedinstvo nacionalno, kad smo i mi u ovom našem napisu pokazali koliko on to nije nikad ni hteo niti to tvrdio.

Da pođemo dalje.

VI

Možda je već 6. januara 1929. trebalo „početi iz početka". Onda se govorilo kako „jedan prsluk loše zakopčan mora se ponovo sav otkopčati, da bi ga zatim zakopčali kako treba"... Već se u srpskim krugovima čula reč „amputacija" jer donde zdrav srpski organizam je reagirao, da već nešto docnije postane jedna inertna i neosetljiva masa. — Ali je prva diktatura bila stvarno jedna mera nerevolucionarna, čak dobronamerna, koliko i opasna po samu državu. A pre svega možda čudna: više plašljiva nego ubojita; više nerešljiva nego precizna; više za smirenje Hrvata nego za progon Hrvata, kao što se to mislilo spočetka među Srbima, a kao što se to naročito tvrdilo među Hrvatima. Ta diktatura je bila stvarno most Hrvatima da se približe centralnoj vlasti, obilazeći srpske političke stranke kao da su one bile nešto krive haosu u Skupštini i nezadovoljstvu Hrvata, znači jedna invitation a la valse. Ali u osnovi više ustuk nego otvorena bitka; bojažljiv pokušaj mesto odlučan plan. — Ukidanje Vidovdanskog Ustava nije pogodilo Hrvate nego Srbe, i ono je učinjeno da se time zadovolji Zagreb koji je jedino i napadao taj ustav, iako više iz taktičkih namera nego stvarnog razloga; jer Srbi ni od 1858. nisu tražili bolji ustav nego onaj. Nisu zato velike srpske mase zaslužile da se njima ukidaju ustavne slobode zato što se u vrhovima nisu našli bolji načini za približavanje.

Ako je trebalo nešto oboriti, to nije bio Vidovdanski Ustav nego Izborni Zakon, koji je odista imao svoje loše strane. Ali i to pre sa gledišta srpskog i jugoslovenskog nego hrvatskog, jer drukči izborni postupak mogao je baš u Hrvatskoj uvek dati na izborima povoljnije rezultate jugoslovenskoj struji vladinoj nego Mačekovoj stranci. Nesreća je što se jugoslovenska politika vodila sa vrhova iz Beograda, mesto sa onamošnjim ljudima, koji su, jednim delom i u jedno vreme, odista želeli sarađivati sa zvaničnim krugovima. Tako je vladina jaka ruka okrenula svu silu samo protiv Srba da bi opravdala pred svetom svoju neveštinu u načinima. Tako je i sloboda štampe bila ukinuta samo među Srbima, dok se u Zagrebu pisalo kako se htelo. Teror jednog hrvatskog šefa policije Bedekovića uzimao se u Zagrebu kao opšta zavera Srba protiv Hrvata.

Mi verujemo da je dr Maček sa prvom diktaturom morao prirodno strahovati od konačnih mera za koje u Beogradu nisu imali namere. Inače bilo je ostajalo ovo troje: Smelo uzeti Hrvatsku kao jednu oblast države koja se stavila izvan normalnih odnosa sa centralnom vlašću, sabotirajući javni poredak, i onda odista primeniti jaku ruku, stavljajući tu oblast pod naročiti režim nešto slično režimu nekadašnje austrijske okupacije Bosne do vremena aneksije. Ili, drugo, pravednije i pametnije i većma u osećanju srpskog naroda, odobriti Hrvatima poznatu Trojednu Kraljevinu, to jest Hrvatsku i Slavoniju sa uključenjem Dalmacije, kakvu su administrativnu jedinicu Hrvati i tražili već 25. marta 1848. na svom Saboru od Monarhije, koja im to međutim nije htela dati ni do samog svog raspada. Ili, treće, danas najrazumljivije: odvajanje, amputaciju, ratno pravo Srbije iz posledica svojih trostrukih pobeda 1914-1918.

Hrvati nisu nikad svoj nacionalni okvir zamišljali širim nego ta Trojednica tražena već 1848. Ako su Hrvati potegli i za Bosnu, za koju nisu nikad ranije dali ni kap krvi, ni kap znoja, čak ni kap mastila, to je posledica srpske politike tih godina koja je zanemarila pitanje Muslimana bosanskih, pitanje bitno, tako da je dr Maček uspeo onamo posejati seme kakvo je želeo, i dovesti stvar dotle, da sa jednim Džaferom Kulenovićem govori najzad o Bosni kao jednom delu hrvatskog Državnog Prava tražeći da se ona stavi u teritorijalne pogodbe između Zagreba i Beograda...

VII

Dr Vlatko Maček ne htejući Jugoslaviju kao jedan istorijski apsurdum i politički paradoks, imao je u svojoj akciji hrvatskog šefa, tri svoje glavne periode.

PRVI PERIOD MAČEKOVE POLITIKE

OD 1929. DO 1939.

Ovo je period njegove borbe otkad je postao šefom stranke, dok je postao stvarnim šefom Banovine Hrvatske, koju je objavio, dva dana nakon zaključenja bestidnog Sporazuma sa Cvetkovićem, svojim Hrvatima u Zagrebu, kao „nezavisnu" banovinu, državu u državi (28. avgusta 1939).

Za vreme ove prve decenije njegove hrabre i otvorene borbe protiv Beograda, akcija je sva ležala u državnom nihilizmu, u apstinenciji od vlasti i zvanične odgovornosti, u zaoštravanju antagonizma prema Srbima do izbezumljenja njegovih masa. Polemika mesto polemike! U ovo vreme spadaju svi atentati, sva kristalizacija mržnje, iskuvavanja svih otrova protiv države i monarhije, paktiranje sa svima srpskim neprijateljima u Rimu, Sofiji, Pešti i Berlinu, sa podeljenim ulogama između ustaša van granica i frankovaca, levog krila Mačekove stranke, u zemlji. U ovu periodu spada najzad i jedna velika publikacija „Ekonomska podloga hrvatskog pitanja", od pokrštenog Jevrejina dr Rudolfa Bićanića (danas u Londonu), koju je izdao dr Maček, dodavši na nju i svoje ime izdavača. Knjiga je pamflet, sa pretenzijom da izgleda kao stručno i naučno delo. Teza: svi Srbi lopovi, a svi Hrvati pokradeni.

Knjiga je izbezumila bila hrvatske mase, a terorizirala Regentstvo i njegovu Cvetkovićevu vladu, koja je brzo tražila sporazum ma pod koju cenu. Bićanićev pamflet je međutim bio gomila kleveta, laži i smicalica. List Dragiše Vasića, danas slavnog druga Draže Mihailovića, „Srpski Glas", izneo je iz kompetentnih krugova cifre koje demantuju sve tvrdnje Bićanića kao da je Beograd tobož opljačkao našu trgovačku mornaricu. Dokazao je, naprotiv, ciframa, da skupo subvencionisana naša mornarica nije učinila državi ni one usluge kakve je napravio Italijanski Lojd za obične prevozne nagrade... Tim je oborena i sva druga kuća od karata, koju je u svom pamfletu bio digao na laži i otrovu dr Bićanić, plaćen od Mačeka. Ali je knjiga uticala makar i tako sva lažna, da dođe do skorog Sporazuma Cvetković-Maček. U njemu je tadašnji Beograd naknadio takve „štete" opljačkanom Zagrebu: podelivši Hrvatima srpske istorijske teritorije u Bosni i Hercegovini, sa jednom čisto srpskom obalom, od ušća Neretve na jug našeg primorja. Bosna i Hercegovina, koja nije 1918. bila vojnički zauzeta bitkom, nego koju je srpski onamošnji narod dao dobrovoljno Srbiji s uverenjem da neće nikad otuđiti od nje ni kvadratni kilometar, bile su ovako sitna para u rukama Cvetkovićeve vlade, za nagodbu sa neprijateljem Srpstva, najslabijim kojeg je ono ikad imalo protiv sebe! Maček je svoju Banovinu nazvao „nezavisnom", a kriminalni Cvetković je taj Sprorazum nazvao „bratskim izmirenjem".

DRUGI PERIOD MAČEKOVE AKCIJE
OD 1939. DO 1941.

Drugi period akcije dr Mačeka počinje od zaključenja Sporazuma 26. avg. 1939, to jest njegovim ulaskom u vladu Dragiše Cvetkovića. Ovo je bilo prvo ministrovanje Mačekovo. Ni ovaj put dr Maček nije ušao u vladu da podeli odgovornost i u njoj ostane. Ovo je razumeo ceo srpski svet. On nije ušao ni zbog „bratskog izmirenja", nego da kontroliše izvršenje zaključenog Sporazuma: prenošenje kompetencija sa centralne vlasti na vlast banovinsku, naročito prenošenje velikih fondova, koji su bili velika briga ugroženih zagrebačkih bankara. — U to doba je postojala u Hrvatskoj katastrofa Zagrebačke Prve Hrv. Štedionice, glavnog uložnog zavoda sve hrvatske sirotinje, koju su neki „stručnjaci" bili upropastili, i doveli da i sramno posrne. Trebalo je pomoć Narodne Banke iz Beograda da je vadi iz ponora, pomoć kakvu uostalom nije Beograd nikad učinio ni Bosni ni Crnoj Gori, koje su zbog tog i ogolele gore nego ikad ranije. — Ali se u Zagrebu dobro znalo da će Maček, čim taj posao u Beogradu svrši, i kad „upotpuni" i deobu Bosne sa Cvetkovićem, vratiti se u Zagreb konačno, nepovratno.

Ne treba da kažem da je u dane tog Sporazumevanja u Kupincu, patriotski i srpski Beograd imao izgled kao u doba Kraljice Drage; a trebalo je jedna iskra da se cela ta komedija digne u vazduh. Konkordat je bio sitna stvar prema ovoj prvoj srpskoj „kapitulaciji", i mi smo bili na dva prsta daleko da se ona zemlja pretvori u drugu Španiju onog doba.

Maček je i sam osećao sebe u Beogradu potpunim strancem. S dinastijom se ophodio kao pobedilac. Sa Knezom-Regentom razgovori su se kretali samo u okviru Sporazuma. Sa Srpskom Opozicijom nije više ni imao nikakvog dodira. Proveo je pola vremena na vozu između Beograda i Zagreba, uvek zaposlen. — Iz prestonice banovske je brzo počela i politika širih razmera: počela je akcija sa manjinama, Nemcima i Mađarima, zatim preko Džafera Kulenovića, i njegovih bosanskih Muslimana, propaganda među našim Arnautima. Cilj ove akcije bilo je spremiti plebiscit koji bi sve te mase uputile da poremete ravnotežu između Srba i Hrvata, tako da se pridruže Zagrebu i okrenu protiv Beograda. Hrvatska je na taj način trebala da napravi sa Beogradom konačni istorijski a ne samo politički obračun, ne kao negdašnja i svagdašnja i svačija provincija, nego kao nova država, veća i bogatija nego što bi ostala Srbija u svom okviru iz 1914.

Maček je bio u to vreme poslao i u Ameriku nekog Petaka pod titulom sekretara nekog Hrvatskog Pevačkog Saveza, ali stvarno da posvršava neke poslove zagrebačkog društva „Zemlja", koje se bavilo pitanjem kako da se hrvatskom narodu stvori mogućnost iseljenja iz neplodnih u plodne krajeve. Petak je dobio zadaću da u Americi sabira novac među hrvatskim iseljenicima za otkup imanja po Banatu i Bačkoj, što je on i uradio. Srpska Opozicija nije u ovom poslu videla prst pred okom. Beogradska diktatura nije o ovom ništa ni naslućivala. Naš srpski svet je verovao da su sa Sporazumom Cvetković-Maček, koji je izazvao mirno gnušanje i prikriven gnev, prestale dalje bitke. Nije znao kako zagrebački muzikanti, kao Petak i Vlado Kolić (organizator plebiscita u Americi protiv monarhije, a za državu koju su izdali i pokrali), dobijaju od šefstva iz Zagreba misije istorijskog obima (baš zato što su tako nevidljivi, nenaslutljivi, beznačajni).

TREĆI PERIOD MAČEKOVE AKCIJE

GODINA 1941.

Ali su u međuvremenu izbile druge krupne stvari. Dolazi 25. mart 1941, kada su Cvetković i Cincar-Marković, dva krvna brata (jedan niški a drugi beogradski Cincarin), potpisali u Beču Tripartitni Pakt, opet bez pitanja srpskog naroda. Kad se u ministarskom veću u Beogradu pretresalo o budućem potpisu, dali su ostavke samo dva Srbina prečanina, Budisavljević i Čubrilović, u ime protesta, ali niko od Hrvata ministara, i zajedno sa Mačekom. — Treba ovo dobro razumeti. Maček i njegovi ministri, kao i ceo uvek germanofilski Zagreb, smatrali su da će taj potpis, i prelaženje Jugoslavije na stranu sila Osovine, biti za Hrvatsku jedino dobro koje je ikad došlo iz Beograda.

Jer sa Jugoslavijom u sferi Osovine, postigla bi Hrvatska dominantan položaj ne samo u državi, nego i na celom Balkanu, dok bi Beograd, naprotiv, ostajući dalje bez veze sa demokratijama, bio izbačen na tangentu. Sa pomenutim manjinama jugoslovenskim, Hrvatska bi operisala na način da bi joj pripali najbogatiji krajevi kao Vojvodina, bogata žitom, Bosna šumom i rudama, a Kosovo „arnautsko", tako isto bogato rudnim carstvom. Uvek nesrećna Hrvatska što na svoja 3 miliona, ima 1 milion Srba, Zagreb bi sa manjinama i bosanskim muslimanima postao sada glavnim gradom jedne buduće nove države, kakvu će uostalom, nekim čudom, docnije Pavelić privremeno i ostvariti... Zagreb, grad kapitalizma i rascvata, oslonac cele buduće akcije Osovine na evropskom Istoku...

Ali ne leži vraže, dođe i 27. mart, sa državnim udarom generala Simovića. Maček se sad našao između jedne svoje vlade koja je glasala za Tripartitni Pakt, i svoje druge, revolucionarne, protivne paktu, pred mogućnosti i da primi rat sa Nemačkom i Italijom. Celu nedelju dana je Simovićeva vlada bila krnja, očekujući i pristanak

Mačeka da Hrvati ostanu i dalje u njoj. Maček, zatežući da se herojski i epski solidariše, udario je u ucene. Svoj pristanak je vezao za uslov da se Hrvatskoj ustupi i Subotica... kao što je to sutradan objavio „Njujork Tajms". A dobivši, kako je javio ovaj list, i nove potpise sa novim ustupcima, Maček ih je uzeo u džep za istoriju, a sam krenuo privatnim automobilom pravo za Zagreb! Vladu će da prati dr Krnjević, njegov zastupnik, Šutej, državni blagajnik, sa dr Bićanićem, „stručnjakom"; a on će da ostane sa Andresom, Torbarom, Smoljanom, Kulenovićem, ministrima, da u Zagrebu „dele sudbinu svog naroda". U Beogradu su ipak verovali da će ova sloga Srba i Hrvata impresionirati Hitlera i Musolinija, ne znajući kanda za jednu poverljivu misiju nešto ranije Andresa u Berlinu...

Maček, osećajući buru, dao je odmah izjave kako je hrvatski narod miroljubiv i neprijatelj rata, a on lično najveći pacifista; citirajući ovom prilikom i Sveto Pismo. Vi dobro vidite šta ovo znači i kud je trebalo da vodi.

Odmah posle ovog je nastalo rasulo. Uostalom, odziv na mobilizaciju pokazao je već namere Hrvata da se listom predaju ako se na granici javi prvi neprijateljski vojnik. Vojsci generala Nedeljkovića od 60.000 obveznika, javilo se svega 16.000, i to najvećim delom Srbi, o čemu je pisao u časopisu „Saturday Evening Post", novinar dobro poznati Braun. Po garnizonima hrvatskim su poubijani Srbi oficiri, bacane epolete i kokarde, mitraljezima ubijane trupe srpskog porekla, kao u Mostaru. Predavši svoje zastave neprijatelju, hrvatski oficirski kor se, oslobođen, predao na sopstvene molbe u ustašku vojsku Pavelića već od 8. maja, da odmah zatim otpočne klanje srpskih masa u Nezavisnoj Hrvatskoj.

Odnosno Mačekovog sporazuma sa Cvetkovićem 26. avg. 1939, i onog njegovog sporazuma za Suboticu sa vladom Simovića, o kojem je govorio američki veliki časopis, treba zabeležiti da je Maček i do prvog Sporazuma došao ucenom i šantažom, kao i sa vladom Simovića, tražeći Suboticu. Hrvati su i sami tvrdili 1939. godine, kako je beogradska vlada samo presijom bliskog rata pristala na onakav Sporazum. Mačekovi drugovi su i javno govorili kako je Beogradu 1939. godine ostajalo samo jedno od ovo dvoje: ili se sporazumeti sa Zagrebom na osnovu teritorijalnih ustupaka, ili da se pomiri s mišlju da će Zagreb odmah preći na pregovore sa Hitlerom. Tako je dr Maček od nekadašnjeg borca, do 1939, postao tad najednom ucenjivač, Šajlok koji je od Beograda, napuštenog razbojnicima, tražio Antonijev dug, funtu živog tela!

Maček je, posle Simovićevog udara, otišao u Zagreb da sačeka oslobodioce Hrvatske, makar što bi i privremeno ustupio Anti Paveliću svoje mesto šefa hrvatskog naroda. Maček je sve dobro unapred znao šta će nastupiti. Njegova stranka, raspuštena već prvih dana, bez i najmanjeg otpora, prešla je, po primeru vojske i banovinskog činovničkog administrativnog aparata, i sama, onako rasuta, na stranu novog šefa banovine, ali banovine koja je već odmah zauzela obim jedne velike kraljevine od 7 miliona duša.

Kao Radić i kao Pavelić, Maček je podjednako želeo nezavisnu Hrvatsku, ma sa koje strane ona došla. Linija hrvatske nacionalne politike od Starčevića na Franka, i zatim na Radića i na Mačeka, išla je uvek u svom logičnom i neprekidnom pravcu. Srpski političari odgovorni su pred istorijom, što ne priznajući i izvrćući ova fakta, dovedoše najzad Nemanjinu državu pred ono masovno izdajstvo Hrvata na zapadnom frontu; zatim njihovo pokolje Srba u Hrvatskoj i Bosni i Hercegovini, sve do Berana gde ovog momenta operišu ustaške vojske zajedno sa italijanskim; do ubijanja Srba oficira i srpskih bataljona gde su god bili u manjini; i najzad do predaje naše mornarice bez borbe; i današnjeg pomaganja Hitleru za utvrđenje „novog poretka" u našoj državi.

MAČEK, VIDELI SMO U OVOM NAPISU, NIKAD NIJE HTEO NI JUGOSLAVIJU, NI PRIZNAVAO NARODNO JEDINSTVO, što je sto puta otvoreno pokazao i što je najzad zapečatio i svojim velikim crnim pečatom.

Jovan Dučić, jedan od najznačajnijih pesnika srpskog modernizma, rođen je u Trebinju. Tačan datum njegovog rođenja još uvek je predmet rasprave. Pretpostavlja se da je rođen 15. februara 1874. godine.

Osnovnu školu pohađa u mestu rođenja, a kada se porodica preselila u Mostar, upisuje trgovačku školu. Željan daljeg školovanja, upućuje se u učiteljsku školu u Sarajevu gde završava prvu godinu. Školovanje nastavlja u učiteljskoj školi u Somboru gde je i maturirao 1893. godine.

Iste godine dobija posao učitelja u Bijeljini odakle ubrzo biva proteran od strane austrougarske vlasti zbog patriotskih pesama *Otadžbina* i *Oj, Bosno*. U Mostar se vraća 1895. godine, gde do 1899. radi kao učitelj. Tu, zajedno sa Aleksom Šantićem i Svetozarom Ćorovićem, 1896. godine osniva književni časopis „Zora”.

Nakon što je 1899. proteran i sa učiteljskog mesta u Mostaru, upisuje studije prava na Filozofsko-sociološkom fakultetu u Ženevi. U obližnjem Parizu susreće se sa modernom francuskom poezijom parnasovaca i simbolista koji postaju njegovi pesnički uzori.

Posle završenih studija u Ženevi, 1907. vraća se u Srbiju gde biva izabran za pisara u Ministarstvu inostranih dela, a tada počinje i njegova uspešna diplomatska karijera. Godine 1910. postavljen je za atašea u poslanstvu u Carigradu, a zatim i u Sofiji. U periodu od 1912. do 1927. godine bio je ataše, sekretar, a nakon toga i otpravnik poslova u ambasadama u Rimu, Atini, Madridu i Kairu, te delegat u Društvu naroda u Ženevi.

Privremeno je penzionisan 1927. godine, ali nakon dve godine biva vraćen na mesto otpravnika poslova u ambasadi u Egiptu.

Redovni član Srpske kraljevske akademije postaje 1931. Godinu dana kasnije postavljen je za izaslanika u Budimpešti. Od 1933. do 1941. bio je izaslanik u Rimu, a zatim i prvi jugoslovenski diplomata u rangu ambasadora u Bukureštu. Iz Bukurešta je zatim prebačen u Madrid gde je bio opunomoćeni poslanik sve do raspada Kraljevine Jugoslavije. Nakon što je Španija priznala tzv. Nezavisnu Državu Hrvatsku, Kraljevina Jugoslavija prekinula je diplomatske odnose sa tom zemljom, pa se u junu 1941. Dučić seli u Lisabon odakle je nakon dva meseca otputovao u Sjedinjene Američke Države, u grad Geri.

Preminuo je 7. aprila 1943. od posledica španske groznice i upale pluća. Dučićevi posmrtni ostaci pohranjeni su u portu srpskog manastira Svetog Save u Libertivilu, da bi konačno, prema njegovoj poslednjoj želji, bili preneti u Trebinje 22. oktobra 2000. godine i uz najviše počasti položeni u kriptu crkve Hercegovačka Gračanica na brdu Crkvina iznad Trebinja.

U vremenu pred smrt, pogođen razvojem situacije u Jugoslaviji i stradanjem srpskog naroda, Dučić piše političke tekstove i novinske članke, otvoreno osuđujući genocid nad Srbima koji je sprovodila hrvatska ustaška vlada. Iz tog perioda potiču i njegovi političko-istorijski eseji objedinjeni u knjizi *Verujem u Boga i u Srpstvo*.

Sadržaj

JUGOSLOVENSKA IDEOLOGIJA..............1
FEDERALIZAM ILI CENTRALIZAM...........55
DR VLATKO MAČEK I JUGOSLAVIJA..........149

BELEŠKA O PISCU..........175

Jovan Dučić
VERUJEM U BOGA I U SRPSTVO

London, 2021

Izdavač
Globland Books
27 Old Gloucester Street
London, WC1N 3AX
United Kingdom
www.globlandbooks.com
info@globlandbooks.com